W0194472

Werner Laubi

Meine schönsten Bibelgeschichten aus dem Neuen Testament

Illustriert von Annegert Fuchshuber

Kaufmann Verlag

Mit guten Wünschen von

_____

Inhalt

Vorwort

Liebe junge Leserinnen und Leser

Stellt euch vor: ein Mensch besitzt einen kostbaren Ring. Er will, dass nach seinem Tod jemand, den er besonders schätzt, den Ring bekommen soll. Damit das dann auch wirklich geschieht, schreibt er es auf ein Blatt Papier und setzt seine Unterschrift darunter. Ein solches Schriftstück nennt man Testament.

In der Bibel steht, dass auch Gott den Menschen ein Testament gegeben hat. Oder, wie es die Bibel ausdrückt: Gott hat mit dem Volk Israel einen für alle Zeiten gültigen Bund geschlossen. Er hat die Menschen aus der Sklaverei in die Freiheit geführt und durch Prophetinnen und Propheten sagen lassen, dass er sein Volk immer beschützt. Die Geschichten, wie das alles geschah, sind im Alten Testament aufgeschrieben.

Jesus hat dieses Testament, diesen Bund erneuert. Er hat den Menschen mit seinem Leben und seinem Sterben gezeigt, dass sie nichts von der Liebe, die Gott ihnen jeden Tag schenkt, trennen kann: keine bösen Mächte, keine Sorgen, keine Traurigkeit. Für Gott ist jeder Mensch, ganz gleich zu welchem Volk er gehört, ob er klein oder groß, weiß oder schwarz, jung oder alt ist, ein wertvoller Menschen.

Als Jesus lebte hat es noch kein Radio, kein Fernsehen, kein Telefon, keine Emails und keine SMS gegeben. Jesus ist zu Fuß von Ort zu Ort gezogen und hat den Menschen ohne Mikrofon und Lautsprecher die frohe Botschaft von Gottes Liebe gebracht. Jesus war ein grossartiger Geschichtenerzähler. Frauen, Männer, Jugendliche und Kinder haben ihm atemlos zugehört und ihm vertraut. Manche haben ihn auf seinen Wanderungen begleitet und, nachdem er gestorben war, vieles von dem, was sie gehört und gesehen hatten, aufgeschrieben. Daraus ist im Laufe der Jahre ein Buch entstanden: Das Neue Testament.

Vieles davon findet Ihr in diesem Buch, zu dem Annegert Fuchshuber prächtige Zeichnungen gemacht hat.

Ich grüsse Euch und hoffe, dass die Botschaft Jesu auch Euch durch Euer Leben begleitet und Euch glücklich und getrost macht.

Euer
Werner Laubi

Geburt, Kindheit und Taufe Jesu

Johannes

Als Herodes König in Jerusalem war, lebte ein Priester namens Zacharias mit seiner Frau Elisabeth in Israel.

Beide waren schon alt. Sie hatten sich viele Jahre lang Kinder gewünscht, aber keine bekommen.

Zacharias musste im Tempel in Jerusalem verschiedene Arbeiten verrichten. Was jeder Priester dort zu tun hatte, wurde durch das Los bestimmt. Eines Tages fiel Zacharias die Aufgabe zu, das Rauchopfer darzubringen. Mit einer silbernen Zange trug er eine glühende Holzkohle vom großen Brandopferaltar, der vor dem Tempel stand, ins Innere des Tempels. Dort legte er die glühende Kohle auf eine mit Weihrauch gefüllte Schale, die sich auf dem Rauchopferaltar befand.

Auf einmal sah Zacharias den Engel Gottes. Der Engel stand an der rechten Seite des Altars. Zacharias erschrak. Aber der Engel sprach: „Du brauchst keine Angst zu haben, Zacharias! Gott hat deine Gebete erhört. Elisabeth wird einen Sohn zur Welt bringen. Dem sollst du den Namen Johannes geben. Gott hat etwas Besonderes mit ihm vor. Er wird die Menschen auf Gottes Sohn vorbereiten, der bald auf die Welt kommt."

Zacharias sagte zum Engel: „Wie soll ich das glauben? Meine Frau und ich sind alt. Wie sollen wir da noch ein Kind bekommen?"

Da sprach der Engel: „Ich bin Gabriel. Ich bin einer der Engel Gottes. Gott selber hat mich zu dir geschickt, damit ich dir diese frohe Botschaft bringen soll. Dass sie wahr ist, wirst du sehen, wenn dein Sohn geboren wird. Aber weil du Gott nicht vertraust, wirst du stumm sein, bis das Kind auf die Welt gekommen ist."

Während der Engel redete, warteten die Menschen vor dem Tempel auf Zacharias. Die Leute wunderten sich, dass er so lange im Tempel blieb. Als er endlich herauskam, konnte er nicht reden.

Er machte den Leuten mit den Händen Zeichen. Da merkten sie, dass etwas Ungewöhnliches mit ihm geschehen war.

Als Zacharias seinen Dienst im Tempel beendet hatte, ging er nach Hause. Bald darauf wurde Elisabeth schwanger und als die Zeit um war, gebar sie einen Sohn. Alle Verwandten und Nachbarn freuten sich. Sie kamen zur Mutter und sagten: „Bestimmt bekommt der Knabe den gleichen Namen wie sein Vater: Zacharias!" Aber Elisabeth antwortete: „Nein! Das Kind heißt Johannes."
„Aber es gibt doch in deiner ganzen Verwandtschaft keinen Mann, der Johannes heißt!", erwiderten sie und wandten sich an Zacharias: „Sag du, wie dein Sohn heißen soll!"

Zacharias konnte immer noch nicht sprechen. Darum ließ er sich eine Tafel geben und schrieb darauf: „Das Kind heißt Johannes!" Im gleichen Augenblick konnte er wieder reden. Voller Freude dankte er Gott.
Die Verwandten und Nachbarn aber staunten. Sie spürten, dass Gott mit Johannes etwas Besonderes vorhatte.

Der Engel bei Maria

Noch bevor Johannes auf die Welt kam, sandte Gott den Engel Gabriel nach Nazareth zu einer jungen Frau. Sie hieß Maria und war mit einem Mann namens Josef verlobt. Josef war ein Nachkomme des Königs David.

Der Engel sprach zu Maria: „Sei gegrüßt, junge Frau! Gott ist mit dir! Er hat dich zu etwas Großem auserwählt!"

Maria erschrak. Sie dachte: Was hat das zu bedeuten?

Aber der Engel sprach: „Hab keine Angst! Du wirst einen Sohn zur Welt bringen. Ihm sollst du den Namen Jesus geben. Er wird ein König werden, mächtiger als König David. Denn König Davids Herrschaft ist zu Ende gegangen. Aber Jesu Herrschaft wird nie zu Ende gehen."

„Wie soll das zugehen?", fragte Maria den Engel. „Ich bin ja noch gar nicht verheiratet."

Der Engel sprach: „Es wird geschehen durch die Kraft Gottes. Darum wird man das Kind Gottes Sohn nennen. Auch Elisabeth, deine Verwandte, bekommt einen Sohn. Niemand hielt das für möglich. Aber für Gott ist nichts unmöglich."

„Ich werde tun, was Gott will", antwortete Maria.

Da verschwand der Engel.

9

Jesus wird geboren

Damals regierte in Rom Kaiser Augustus. Er befahl: „Alle Menschen müssen sich und ihren Besitz in Listen eintragen lassen."
Es war das erste Mal, dass eine solche Volkszählung in Israel geschah. Weil der Kaiser es befohlen hatte, brachen alle auf und zogen in ihre Heimatorte, um sich dort in die Listen einschreiben zu lassen.
Auch Josef und Maria gingen von Nazareth nach Bethlehem. Denn als Nachkomme des Königs David stammte Josef aus Bethlehem. Es war aber kurz vor der Zeit, da Maria ihr Kind bekommen sollte. Als sie in Bethlehem ankamen, brachte sie einen Sohn zur Welt, wickelte ihn in Windeln und legte ihn in eine Futterkrippe. Denn sie hatten in der Herberge keinen Platz mehr gefunden.

Draußen auf dem Feld hüteten in dieser Nacht Hirten ihre Herden. Da erschien ihnen ein Engel, und Gottes Licht umstrahlte die Hirten. Sie hatten große Angst. Aber der Engel sprach zu ihnen: „Habt keine Angst! Ich bringe euch eine gute Nachricht, über die ihr euch freuen werdet! Und mit euch wird sich ganz Israel freuen. Heute wurde in Bethlehem euer Retter geboren: Christus. Daran könnt ihr ihn erkennen: Er liegt in Windeln gewickelt in einer Krippe."
Plötzlich war neben dem Engel eine große Schar anderer Engel. Sie lobten Gott und sprachen:

„Ehre sei Gott in der Höhe
und Friede auf Erden
bei den Menschen
seines Wohlgefallens."

Als die Engel in den Himmel zurückgekehrt waren, sagten die Hirten zueinander: „Wir wollen nach Bethlehem gehen! Wir wollen uns mit eigenen Augen anschauen, was der Engel uns verkündet hat."

Sie eilten nach Bethlehem und fanden dort Maria und Josef. Sie sahen das Kind in der Krippe. Da erzählten sie, was der Engel zu ihnen gesagt hatte. Und alle, die es hörten, staunten. Maria merkte sich alles, was die Hirten gesagt hatten und behielt es in ihrem Herzen.

Die Hirten aber kehrten wieder zu ihren Herden zurück. Sie lobten Gott und dankten ihm für alles, was sie gesehen und gehört hatten.

Der Stern

Nachdem Jesus in Bethlehem geboren worden war, kamen Sterndeuter aus dem Osten nach Jerusalem. Sie sagten: „Wir haben den Stern eines neugeborenen Königs aufgehen sehen. Wir sind gekommen, um ihm Geschenke zu bringen. Wo finden wir ihn?"

Als König Herodes das hörte, bekam er Angst. Er dachte: „Ein neugeborener König? Hier in meinem Land? Er wird mir den Thron entreißen, wenn er groß ist!" Er ließ alle Gelehrten zu sich kommen und sagte: „Steht in den alten heiligen Büchern etwas über einen König, der in meinem Land geboren wird?"

Die Gelehrten antworteten: „Der Prophet Micha hat geschrieben: Aus Bethlehem wird der König kommen, der mein Volk Israel schützt und führt."

Herodes ließ die Sterndeuter heimlich zu sich holen. Er wollte ganz genau wissen, wann der Stern am Himmel erschienen sei. Dann sagte er zu ihnen: „Das Kind muss in Bethlehem auf die Welt gekommen sein. Sucht es! Und wenn ihr es gefunden habt, dann sagt es mir. Auch ich möchte ihm Geschenke machen."

Die Männer brachen auf und der Stern des neugeborenen Königs ging vor ihnen her. Erst über dem Haus, wo das Kind war, stand er still. Da gingen sie hinein und fanden das Kind mit seiner Mutter Maria. Sie warfen sich vor ihm auf den Boden und beteten es an. Dann breiteten sie ihre Geschenke vor ihm aus: Gold, Weihrauch und Myrrhe.

Aber in derselben Nacht hörten sie in einem Traum Gottes Stimme. Gott sprach: „Geht nicht zu Herodes zurück!" Da reisten sie auf einem anderen Weg in ihre Heimat.

Zur gleichen Zeit hatte auch Josef einen Traum. Der Engel Gottes sprach zu ihm: „Herodes sucht das Kind und will es töten. Darum musst du fliehen. Geh nach Ägypten und bleibe dort, bis ich es dir sage."

Josef stand sogleich auf und floh mit Maria und dem Kind noch in der gleichen Nacht nach Ägypten. Dort blieb er, bis Herodes gestorben war. Dann kehrte er mit seiner Familie nach Nazareth zurück.

Das Fest in Jerusalem

Die Juden feiern ihre Befreiung aus der ägyptischen Sklaverei mit einem Fest. Dieses Befreiungsfest heißt „Passa".

Die Eltern Jesu zogen jedes Jahr zum Passafest nach Jerusalem. Als Jesus zwölf Jahre alt war und zur Gemeinde der Erwachsenen gehörte, durfte er zum ersten Mal mit ihnen zum Tempel ziehen. Nach dem Fest machten sich alle wieder auf den Heimweg. Jesus aber blieb in Jerusalem, ohne dass seine Eltern es wussten. Sie dachten: „Jesus befindet sich gewiss unter unseren Verwandten, die uns vorausgehen." Am Abend fragten sie überall nach Jesus. Aber niemand hatte ihn gesehen. Sofort kehrten Maria und Josef um und suchten ihn in Jerusalem.

Erst nach drei Tagen fanden sie ihn. Er saß bei den Gelehrten im Tempel, redete mit ihnen und beantwortete ihre Fragen. Alle staunten über sein Wissen und sein Verständnis.

Maria und Josef waren verärgert. Maria sagte: „Kind, warum bist du hier geblieben? Wir suchen dich seit drei Tagen und haben Angst um dich gehabt."

„Warum habt ihr mich gesucht?", fragte Jesus. „Wusstet ihr nicht, dass mein Platz hier im Haus meines himmlischen Vaters ist?"

Die Eltern aber verstanden nicht, was er damit sagen wollte. So kehrte Jesus mit seinen Eltern nach Nazareth zurück.

Johannes tauft

Zur gleichen Zeit wuchs Johannes heran. Und seine Eltern Elisabeth und Zacharias hatten große Freude an ihm.
Als er aber ein Mann geworden war, verließ er seinen Heimatort und zog durch die Wüste, bis er zum Jordanfluss kam. Dort lebte er wie ein Wanderhirt. Er trug ein Kleid aus Kamelhaaren und um die Hüfte band er sich einen Ledergurt. Er aß Heuschrecken und Honig von wilden Bienen. Und er predigte vom Reich Gottes.

Überall im Land redeten die Menschen über Johannes.
Viele machten sich auf den Weg zu ihm,
um ihn predigen zu hören.
Johannes sagte zu ihnen:
„Das Gottesreich kommt bald.
Die Axt ist schon bereit,
um die Bäume zu fällen,
die keine guten Früchte bringen.
Darum:
Bekennt eure Sünden!
Fangt ein neues, ein gutes Leben an!"
Die Menschen fragten Johannes:
„Was heißt das:
ein neues Leben anfangen?
Was sollen wir tun?"

Da antwortete ihnen Johannes:
„Wer zwei Hemden hat,
soll dem eines geben, der gar keins hat.
Und wer genug zu essen hat,
soll mit dem teilen,
den der Hunger plagt."
„Und wir? Was sollen wir tun?",
fragten die Zolleinnehmer,
die von allen verachtet wurden.

„Verlangt nur den vorgeschriebenen Zoll und betrügt die Leute nicht!", sagte Johannes.

Den Soldaten gebot er: „Nehmt den Menschen nichts weg! Begnügt euch mit eurem Sold!"

Einige fragten: „Ist Johannes vielleicht der Heiland und Retter, der kommen soll, um die Menschen zu erlösen?"

Aber Johannes sagte: „Ich taufe euch nur mit Wasser. Nach mir kommt einer, der wird euch mit dem heiligen Geist Gottes taufen. Er ist so mächtig, dass ich nicht gut genug bin, ihm die Schuhe zu binden."

Viele erzählten Johannes, dass sie Schlechtes getan hatten. Johannes stieg mit ihnen in den Jordanfluss und tauchte sie ins Wassser. So taufte er die Menschen, denen es Leid tat, dass sie Böses getan hatten. Darum nannte man ihn Johannes den Täufer.

Jesus lässt sich taufen

Auch Jesus kam zu Johannes an den Jordan, um sich taufen zu lassen. Johannes sagte zu ihm: „Du kommst zu mir? Eigentlich müsstest *du mich* taufen!"

Aber Jesus antwortete: „Taufe mich! Gott will es so!"

Als Jesus aus dem Wasser stieg, öffnete sich der Himmel. Gottes Geist senkte sich auf Jesus, wie eine Taube, die aus der Luft zur Erde schwebt. Und Gottes Stimme sprach: „Du bist mein lieber Sohn, an dir habe ich Wohlgefallen."

Danach ging Jesus in die Wüste, denn er wollte allein sein. Vierzig Tage lang aß er nichts und der Hunger quälte ihn sehr. Da hörte er eine Stimme. Es war die Stimme des Teufels: „Wenn du Gottes Sohn bist, dann befiehl, dass diese Steine da Brot werden!"

Jesus antwortete: „In den heiligen Schriften steht: Der Mensch lebt nicht nur vom Brot. Er lebt vom Wort, das Gott ihm gibt."

Der Teufel gab nicht auf.

„Wenn du Gottes Sohn bist", sagte er, „dann steig auf das Dach des Tempels in Jerusalem und spring hinunter! In den heiligen Schriften steht nämlich, dass dich die Engel durch die Luft tragen werden und du dich nicht verletzen wirst!"

Wiederum wehrte Jesus ab: „Es heißt in den heiligen Schriften auch, dass man Gott nicht mit solchen Dingen herausfordern soll."

Noch einmal lockte ihn der Teufel.

„Bete mich an! Dann mache ich dich zu einem mächtigen König, der über alle Länder der Erde herrscht."

Aber Jesus antwortete: „Geh weg von mir! Es heißt in den heiligen Schriften: Bete Gott an und sonst niemanden!"

Nun schwieg der Teufel. Er wusste jetzt, was für ein König Jesus sein würde: nicht einer, der über die Menschen befahl, sondern einer, der für sie leiden würde.

Jesus in Galiläa

Johannes wird verhaftet

Damals regierte im Land ein Sohn des Königs Herodes. Er hieß Fürst Herodes Antipas. Herodes Antipas hatte seinem Bruder die Frau weggenommen und sie geheiratet. Die Frau hieß Herodias.
Johannes der Täufer sagte zu Herodes Antipas: „Das hättest du nicht tun dürfen! Gott hat es verboten!"
Herodes ärgerte sich, dass Johannes ihn zurechtwies. Kurzerhand ließ er ihn verhaften und ins Gefängnis werfen.
Als Jesus davon hörte, verließ er die Wüste und wanderte in seine Heimat. Er ging jedoch nicht in seinen Heimatort Nazareth, sondern machte die Stadt Kapernaum am See Genezareth zu seinem neuen Wohnort. Von dort aus zog er in die Dörfer und Städte am See. Wo er hinkam, sagte er zu den Menschen: „Ändert euch! Gottes Reich ist ganz nah! Vertraut dieser frohen Botschaft!"

Die ersten Jünger

Als Jesus einmal am Ufer des Sees Genezareth entlangwanderte, kamen von überallher Menschen zu ihm. Sie drängten sich um ihn und wollten ihm zuhören.
Jesus schaute sich um und sah zwei Fischerboote am Ufer. Die Fischer waren gerade ausgestiegen und reinigten ihre Netze.
Jesus setzte sich in eines der Boote. Es gehörte dem Fischer Simon. „Stoß mich ein wenig vom Ufer ab!", bat ihn Jesus. Dann redete er vom Boot aus zu den Menschen.
Als seine Rede zu Ende war, sagte er zu Simon: „Fahre mit den anderen Fischern auf den See hinaus und werft eure Netze aus!"
„Wir waren schon die ganze Nacht draußen", entgegnete Simon.

„Wir haben überhaupt nichts gefangen. Aber wenn du es willst, versuche ich es noch einmal."

Die Fischer fuhren hinaus und diesmal waren ihre Netze so prall mit Fischen gefüllt, dass sie beinahe zerrissen. Die Männer winkten ein anderes Boot herbei und miteinander konnten sie die Netze in die Boote hieven. Die Schiffe sanken fast, so schwer war die Last.

Simon war so erschrocken, dass er am Ufer vor Jesus auf die Knie fiel und ihn bat: „Herr, geh weg von hier! Denn du bist heilig, ich aber bin ein sündiger Mensch."

„Du brauchst keine Angst zu haben", gab ihm Jesus zur Antwort. „Von jetzt an wirst du nicht mehr Fische fangen, sondern du wirst Menschen zu mir bringen."

So wurde Simon ein Anhänger Jesu. Er ließ alles zurück und ging mit ihm. Er wurde ein Jünger und begleitete Jesus von diesem Tag an. Auch Andreas, Simons Bruder, und Jakobus und Johannes, die mit Simon zusammenarbeiteten, wurden Jünger.

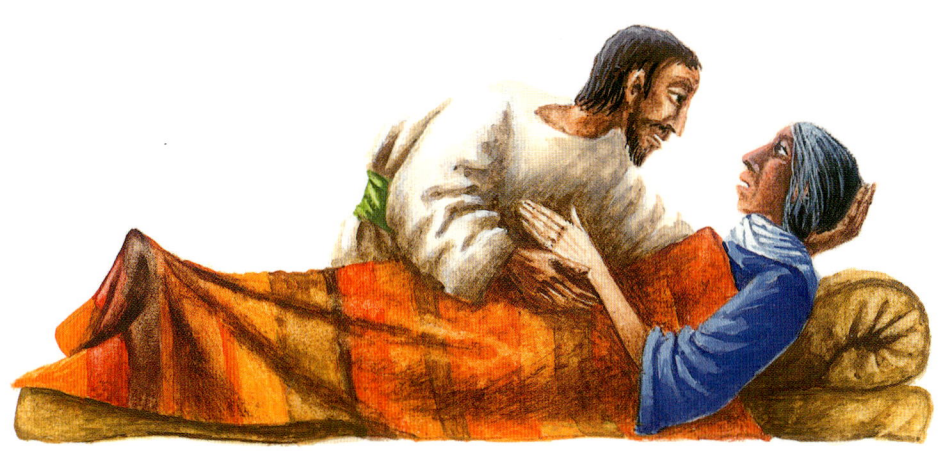

Jesus hilft

Jesus kam mit seinen vier Jüngern in die Stadt Kapernaum. Am Sabbat, dem jüdischen Feiertag, ging er in die Synagoge. Dort feierten die Juden Gottesdienst. Jesus sprach zu den Menschen. Sie hörten ihm gespannt zu. Alles, was er sagte, packte sie.

Auf einmal fing einer an zu schreien: „Was willst du von uns, Jesus? Du willst uns vernichten! Ich weiß, wer du bist! Du kommst von Gott!"

Es war ein Krankheitsdämon, der aus dem Kranken schrie. Jesus gebot ihm: „Schweig und verlass den Mann!"

Da wand sich der Mann und schrie laut, aber dann wurde er ruhig. Die Krankheit hatte ihn verlassen.

Die Menge staunte. Alle fingen miteinander an zu reden. „Wie ist das nur möglich?", fragten einige. Andere sagten: „Er befiehlt und die Dämonen gehorchen ihm."

Danach verließen Jesus und die Jünger die Synagoge. Sie gingen in das Haus, das Simon und Andreas gehörte. Die Schwiegermutter des Simon, die auch dort wohnte, lag mit Fieber im Bett. Jesus ging zu ihr. Er ergriff ihre Hand und richtete sie behutsam auf. Da verschwand das Fieber und die Frau vertraute Jesus und schloss sich ihm an.

Heilung eines Aussätzigen

Ein Mann litt am Aussatz. Weil diese Krankheit ansteckend ist, durfte er nicht mit gesunden Menschen zusammenleben. Trotzdem kam er zu Jesus und sank vor ihm auf die Knie. „Wenn du willst", sagte er zu ihm, „kannst du mich gesund machen!"
Jesus hatte Erbarmen mit dem Kranken. Er hatte keine Angst, von ihm angesteckt zu werden, sondern berührte ihn mit der Hand und sagte: „Ich will, dass du gesund wirst!" Da wurde der Mann gesund.

Nach dem Gesetz musste ein Geheilter zum Priester gehen und Gott ein Tier opfern. Erst dann durfte er zu seiner Familie zurückkehren. Darum sagte Jesus zum Geheilten: „Lass dich jetzt vom Priester untersuchen und bring ihm das Opfer. Aber erzähle niemandem, wer dich geheilt hat."
Der Mann ging zum Priester und opferte. Aber er konnte das Wunder, das an ihm geschehen war, nicht für sich behalten und berichtete überall, dass Jesus ihn geheilt hatte. Von da an konnte Jesus in keine Stadt mehr gehen, ohne dass ihn ganze Massen von Menschen umdrängten. Darum suchte er einsame Orte auf. Aber auch dort fanden ihn die Hilfesuchenden.

Ein Taubstummer kann wieder hören und reden

Jesus verkündete die frohe Botschaft nicht nur in seiner Heimat. Einmal zog er in die Städte Tyrus und Sidon am Meer. Von dort begab er sich in das Gebiet, das Zehn-Städte heißt. Dort brachten Menschen einen taubstummen Mann zu ihm. Sie baten ihn: „Leg ihm deine Hände auf den Kopf!"

Aber Jesus tat nicht, was sie wollten. Er nahm den Taubstummen bei der Hand. Er ging mit ihm von der Menge weg. Er legte ihm seine Finger in die Ohren. Dann netzte er einen Finger mit Speichel und berührte die Zunge des Behinderten. Zuletzt blickte er zum Himmel und seufzte. Dann sagte er zu dem Taubstummen: „Öffne dich, damit Gottes Liebe zu dir kommen kann!" Da konnte der Mann hören und reden.

Obwohl die Menschen weiter weg warteten, sahen und hörten sie alles. Jesus sagte zu ihnen: „Ihr dürft es nicht weitererzählen!" Aber die Leute redeten doch davon. Sie sagten: „Wieviel Gutes tut Jesus! Den Gehörlosen gibt er Gehör. Den Stummen gibt er Sprache."

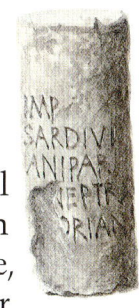

Jesus heilt einen Lahmen

Einige Zeit später kam Jesus wieder nach Kapernaum. Überall sprach es sich herum: „Jesus ist wieder zu Hause!" Da strömten die Menschen im Haus, wo er war, zusammen. Es waren so viele, dass der einzige Raum des Hauses ganz überfüllt war. Sogar vor der Haustür standen die Menschen dicht gedrängt.

Da trugen vier Männer einen Lahmen herbei. Er lag auf einer schäbigen Matratze. Aber wegen der vielen Menschen war es ihnen unmöglich, zu Jesus zu gelangen. Deshalb schleppten sie den Lahmen über die Treppe, die außen an der Hauswand angebracht war,

aufs Flachdach. Sie schlugen ein Loch ins Dach und ließen die Matratze mit dem Kranken an Stricken ins Haus hinunter, gerade an die Stelle, wo Jesus stand.

Jesus freute sich über das Vertrauen, das diese Menschen zu ihm hatten. Er sagte zum Lahmen: „Deine Schuld ist dir vergeben!"

Einige Gesetzeslehrer, die auch dort waren, dachten: „Wie kann Jesus wagen, einem Menschen die Schuld zu vergeben! Nur Gott kann den Menschen Schuld vergeben."

Jesus merkte es den Männern an, was sie dachten. Er fragte sie: „Ist es leichter, zum Lahmen zu sagen: Deine Schuld ist dir vergeben, oder: Steh auf, nimm deine Matratze und geh?" Ohne auf ihre Antwort zu warten, fuhr Jesus fort: „Ihr sollt sehen, dass ich von Gott die Vollmacht habe, den Menschen ihre Schuld zu vergeben."

Er wandte sich an den Lahmen: „Ich befehle dir: Steh auf! Nimm deine Matratze! Geh nach Hause!"

Der Mann erhob sich. Er nahm seine Matratze und ging weg. Die Leute aber sagten: „Gott sei gelobt! So etwas haben wir noch nie erlebt."

Menschen, die Jesus nachfolgen

Jesus ging oft hinaus an den See. Das ganze Volk kam zu ihm und er lehrte die Menschen.

Als er einmal am Zollhaus von Kapernaum vorüberging, sah er dort den Zolleinnehmer Levi sitzen. Er sagte zu ihm: „Komm mit mir!" Da stand Levi auf und folgte Jesus.

Später war Jesus bei Levi eingeladen.

Viele Zolleinnehmer und andere Menschen, die einen schlechten Ruf hatten, saßen mit Jesus und seinen Jüngern am Tisch, denn es waren viele, die sich Jesus angeschlossen hatten.

Als die Schriftgelehrten sahen, dass Jesus mit Zolleinnehmern und Sündern aß, sagten sie zu seinen Jüngern: „Wie kann euer Meister mit diesem Gesindel zusammen essen?"

Jesus aber hörte es und sagte zu ihnen: „Die Starken haben keinen Arzt nötig. Aber die Kranken brauchen ihn. Für sie bin ich da. Sie will ich zu Gott bringen."

Immer mehr Menschen folgten Jesus nach und wurden seine Jünger und Jüngerinnen. Aus ihnen allen wählte Jesus zwölf Männer. Sie sollten ihn überallhin begleiten und auch selber in die Dörfer und Städte gehen, um zu predigen und zu heilen. Diese Zwölf aber waren:

Simon, dem Jesus später den Namen Petrus gab; Andreas, der Bruder Simons; Johannes und Jakobus, die Söhne des Zebedäus. Ihnen gab Jesus den Zunamen „Donnersöhne". Philippus und Bartholomäus; Matthäus und Thomas; Jakobus, der Sohn des Alphäus und Thaddäus; Simon und Judas Iskariot, der Jesus später verriet.

Auch einige Frauen, die Jesus geheilt hatte, begleiteten ihn und wurden seine Jüngerinnen. Sie hießen: Maria aus Magdala und Johanna, die Frau des Beamten Chusa und Susanna.

Viele andere Frauen sorgten mit ihrem Vermögen für Jesus und die Seinen.

Die Geschichte vom verlorenen Schaf

Eines Tages kamen wieder einmal Zolleinnehmer und andere im Volk verhasste und verachtete Menschen zu Jesus. Darüber ärgerten sich die Schriftgelehrten und die Pharisäer.

Sie sagten: „Seht euch einmal an, mit was für schlechten Menschen sich Jesus abgibt – mit unanständigem Gesindel, das den rechten Weg verlassen hat! Er setzt sich sogar an den gleichen Tisch und isst mit ihnen!"

Jesus hörte, was sie sagten. Er wandte sich zu ihnen und erzählte ihnen eine Geschichte:

„Stellt euch vor: Einer von euch besitzt hundert Schafe. Eines Tages verlässt ein Schaf die Herde. Es geht immer weiter weg. So weit, dass es den Heimweg nicht mehr findet und in Angst vor wilden Tieren umherirrt. Was tut jetzt der Hirt? Er lässt die ganze Herde allein auf der Weide und sucht das verirrte Schaf. Und wenn er es endlich findet, hebt er es auf seine Schultern und trägt es nach Hause. Und allen Menschen, denen er begegnet, ruft er zu: Freut euch mit mir! Mein Schaf war verloren. Aber ich habe es wiedergefunden."

„Deshalb", fuhr Jesus fort, „gehe ich zu den verachteten Menschen, um mit ihnen zu essen, zu reden und zu feiern. So fangen sie an, Gott zu vertrauen. Und Gott freut sich, wenn ein solcher Mensch wieder zu ihm kommt. Er freut sich sogar mehr über solche Menschen als über jene, die meinen, sie seien besser als die anderen."

Der Hauptmann von Kapernaum

In Kapernaum lebte ein römischer Hauptmann. Eines Tages wurde einer seiner Männer krank. Da ging der Hauptmann zu Jesus und bat ihn: „Herr, einer meiner Männer ist gelähmt und leidet an großen Schmerzen."

Jesus sagte: „Ich will mit dir gehen und ihn heilen."

Aber der Hauptmann gab zur Antwort:

„Ich bin nicht wert, dass du mein Haus betrittst. Aber sag nur ein Wort, dann wird der Mann gesund. Auch ich habe Vorgesetzte und bin selber ein Vorgesetzter über meine Offiziere und Soldaten.

Wenn ich zu einem sage: Geh!, dann geht er. Wenn ich zu einem anderen sage: Komm!, dann kommt er. Und wenn ich meinem Diener befehle: Mach das!, dann macht er es."

Als Jesus das hörte, staunte er und sagte zu seinen Jüngerinnen und Jüngern: „Wahrhaftig, in ganz Israel habe ich niemanden gefunden, der soviel Vertrauen hat. Ich sage euch: Viele Menschen aus der ganzen Welt werden in Gottes Reich leben, zusammen mit den Juden, die an Gott glauben und ihm vertrauen. Aber die, die meinen, sie könnten ohne Glauben zu Gott kommen, werden in die Finsternis gestoßen, wo sie zittern vor Angst."

Dann sagte Jesus zum Hauptmann: „Geh heim! Weil du mir vertraut hast, wird deine Bitte erfüllt!"

Zur gleichen Zeit wurde der Kranke gesund.

Die Geschichte vom zuversichtlichen Bauern

Jesus ging wieder ans Seeufer. Da liefen von überallher Männer, Frauen und Kinder zu ihm. Jesus wollte zu ihnen reden. Aber das war unmöglich, weil ihn alle umdrängten. Da stieg er in ein Boot und stieß ein kleines Stück vom Ufer ab. Dann setzte er sich auf die Ruderbank. Jetzt konnten ihn alle sehen und hören.
„Wenn ich zu euch rede", begann Jesus, „dann bin ich wie ein Bauer, der mit einem Sack voll Saatkörner aufs Feld geht und die Körner in weitem Bogen auf den Boden wirft. Ein Teil der Körner fällt auf den Weg. Schnell fliegen die Spatzen her und picken sie auf – weg sind sie. Ein anderer Teil der Körner fällt auf felsigen Boden, wo nur wenig Erde ist. Zwar geht die Saat schnell auf. Aber wenn die Sonne kommt und es heiß wird, verdorren die Pflanzen, weil ihre Wurzeln nicht tief in die Erde dringen konnten. Andere Körner fallen ins Dorngestrüpp. Die Halme wachsen, aber sie haben viel zu wenig Sonne und verkümmern.

Aber ein Teil der Körner fällt auf guten Boden, wächst und bringt Frucht. Die eine Ähre trägt dreißig Körner, die andere sechzig und eine sogar hundert. So kann das, was ich sage, in euren Herzen Frucht tragen und euer Leben glücklich machen. Und wenn das auch nur bei wenigen geschieht, so ist es doch ein Segen für alle."

Die Geschichten
vom Schatz und von der Perle

Die Menschen fragten Jesus, wie sie sich denn das Himmelreich und das Reich Gottes vorstellen sollten. Als Antwort erzählte Jesus ihnen zwei Geschichten:

„Das Himmelreich", sagte er, „ist wie ein Schatz, der in einem Feld vergraben ist. Da kommt ein Mann und arbeitet auf dem Feld. Plötzlich stößt er auf den Schatz. So etwas Wertvolles hat er noch nie gesehen. Wenn der Acker nur mir gehören würde, denkt er. Da hat er eine gute Idee. Schnell deckt er den Schatz wieder zu und eilt nach Hause. In seiner Freude verkauft er alles, was er besitzt. Dann geht er zum Gutsherrn, kauft ihm den Acker ab und holt sich den Schatz. – So ist es mit dem Himmelreich: Die Freude darüber, dass man etwas so Wertvolles wie Gottes Liebe erfährt – das ist das Himmelreich."

„Oder", fuhr Jesus fort, „das Reich Gottes ist wie ein Kaufmann, der die schönste Perle der Welt suchte. Er ging von einem Händler zum anderen. Endlich fand er eine wunderbare Perle. Sie war so schön, wie er noch nie eine gesehen hatte. Aber sie kostete viel Geld. Da ging der Kaufmann nach Hause und verkaufte kurz entschlossen alles, was er besaß. Dann ging er zum Perlenhändler, kaufte die kostbare Perle und war glücklich."

„So ist es mit Gottes Reich", schloss Jesus. „Es gibt Menschen, die auf alles verzichten, damit sie Gottes Liebe spüren und anderen Menschen weitergeben dürfen."

Das Gleichnis vom Senfkorn

Jesus fragte die Leute: „Wie soll man sich das Gottesreich vorstellen? Womit kann man es vergleichen?"
Als Antwort erzählte er ihnen eine Geschichte:
„Mit dem Gottesreich ist es wie mit einem Senfkorn. Der Same ist ganz klein. Aber wenn er in der Erde liegt und aufgeht, wird die Pflanze größer und größer. Zuletzt ist sie viel größer als andere Gartenpflanzen. Sie bekommt starke Zweige, in deren Schatten die Vögel nisten. Genauso ist es mit dem Gottesreich."

Das Gleichnis vom Festmahl

Jesus war bei einem Pharisäer zum Essen eingeladen. Er sagte zum Gastgeber: „Wenn du wieder einmal ein Festessen veranstaltest, so lade nicht nur deine Verwandten und Freunde und die reichen Nachbarn ein, sondern auch Arme und Behinderte, Lahme

und Blinde. Sie können dich zwar zum Dank nicht zu sich einladen. Aber Gott wird deine Güte am Tag der Auferstehung aller gerechten Menschen belohnen.
Da sagte einer der Gäste zu Jesus: „Glücklich die Menschen, die Gottes Gäste sind, wenn sein Reich kommt!"

Jesus aber erzählte folgende Geschichte: „Ein Mann hatte viele Gäste zu einem großen Festessen eingeladen. Als alles bereit war, schickte er seinen Diener zu den Eingeladenen und ließ ihnen ausrichten: Es ist alles bereit. Kommt!
Aber der Erste sagte: Ich kann leider nicht kommen. Ich habe ein Stück Land gekauft. Ich muss es mir unbedingt ansehen.
Der Zweite sagte: Ich habe zehn Ochsen gekauft. Ich will wissen, ob sie etwas taugen. Ich muss sie mir ansehen. Entschuldige mich bei deinem Herrn!
Der Dritte sagte: Ich habe soeben geheiratet. Ich kann nicht zum Festessen kommen.
Der Diener kam zurück und berichtete seinem Herrn alles. Da wurde der Herr zornig. Lauf schnell durch die Gassen der Stadt, befahl er dem Diener. Hol die Armen und Behinderten, die Lahmen und Blinden an den gedeckten Tisch!
Einige Zeit später kam der Diener wieder zum Herrn und meldete: Ich habe deinen Befehl ausgeführt. Aber noch sind nicht alle Plätze am Tisch besetzt.

Da sagte der Herr zu ihm: So geh vor die Stadttore! Geh auf die Feldwege, zu den Hecken und Zäunen. Dorthin, wo die ganz Armen hausen. Sag zu ihnen: Kommt! Der Tisch meines Herrn muss bis auf den letzten Platz besetzt sein!"
Und Jesus schloss die Geschichte, indem er sagte: Von denen, die zuerst eingeladen waren, kommt keiner an meinen Tisch!"

Jesus stillt den Sturm

Als es Abend wurde, sagte Jesus zu denen, die mit ihm gingen: „Wir wollen ans andere Seeufer fahren!" Da schickten sie die Leute nach Hause und stiegen mit Jesus in ihr Boot. Andere Schiffe fuhren mit ihnen.

Mit einem Mal fing es an zu stürmen. Schnell wurde es dunkel. Der Wind pfiff. Das Segel flatterte. Die Wellen schlugen über Bord. Schon begann sich das Schiff mit Wasser zu füllen. Jesus jedoch schlief ruhig im Heck des Bootes auf einem Kissen.

Voller Angst weckten ihn einige und sagten: „Meister, kümmert es dich nicht, dass wir untergehen?"

Jesus erhob sich. Er drohte dem Wind und sagte zum See: „Sei ruhig!" Da legte sich der Wind. Es wurde ganz still. Dann sagte Jesus zu allen, die mit ihm waren: „Warum habt ihr solche Angst? Habt ihr noch immer kein Vertrauen?"

Da erschraken sie. Aufgeregt redeten sie miteinander. Sie sagten: „Was ist Jesus für ein Mensch, dass ihm sogar Wind und Wellen gehorchen?"

Die Tochter des Jairus

Jesus fuhr mit allen seinen Begleiterinnen und Begleitern wieder nach Kapernaum. Kaum kam ihr Schiff am Ufer an, fand sich dort eine große Menschenmenge ein.

Da drängte sich ein Mann zu Jesus. Es war Jairus, der Vorsteher der Synagoge. Jairus fiel vor Jesus zu Boden.

„Meine kleine Tochter ist schwer krank", sagte er. „Geh bitte zu ihr! Leg ihr deine Hände auf den Kopf. Dann bleibt sie am Leben und wird wieder gesund."

Jesus und einige seiner Jünger machten sich mit Jairus auf den Weg zu dem kranken Kind. Die ganze Menschenmenge folgte ihnen. Unter den Leuten war aber eine Frau, die seit zwölf Jahren krank war. Sie hatte ihr ganzes Geld für Untersuchungen bei Ärzten und für Medikamente ausgegeben. Aber es hatte ihr nichts geholfen. Im Gegenteil: Alles war nur schlimmer geworden.

Diese Frau hatte gehört, dass Jesus Kranke heilen könne. Sie dachte: „Wenn ich nur Jesu Gewand anrühre, werde ich bestimmt gesund."

Darum nahte sie sich jetzt Jesus von hinten und berührte sein Gewand. Sogleich wandte sich Jesus um und fragte: „Wer hat mich berührt?"

Die Jünger antworteten: „Du siehst doch, dass das Volk sich um dich drängt. Wie soll man da wissen, wer dich berührt?"

Da sah Jesus die Frau. Sie zitterte vor Angst, warf sich vor ihm auf den Boden und sagte: „Ich war's! Denn ich weiß, dass du mir helfen kannst."

„Du hast großes Vertrauen zu mir", sagte Jesus zu ihr. „Deshalb wirst du gesund."

Noch während Jesus mit der Frau redete, kamen Leute, die im Haus des Synagogenvorstehers Jairus lebten und sagten: „Es hat keinen Zweck mehr, dass Jesus zu deiner Tochter kommt. Sie ist gerade gestorben."

Jesus aber hörte nicht auf die Leute. Er ging weiter und sagte zu Jairus: „Hab Vertrauen und fürchte dich nicht."

Schon vor dem Haus des Jairus hörte Jesus das Weinen und Klagen der Menschen. Jesus ging mit Jairus, Petrus, Jakobus und Johannes ins Haus. Er sagte zu den Klagenden: „Was weint ihr? Was schreit ihr? Das Kind ist nicht gestorben. Es schläft." Da lachten sie ihn aus.

Jesus befahl: „Verlasst das Haus! Nur meine drei Jünger und Vater und Mutter des Kindes bleiben bei mir!" Dann ging er mit ihnen in das Zimmer des Kindes. Er ergriff seine Hand und sagte: „Steh auf, Mädchen!" Da erhob sich das Mädchen und ging hin und her. Und alle staunten sehr.

Jesus aber befahl: „Gebt dem Kind etwas zu essen! Und erzählt niemandem von dem, was hier geschehen ist!"

Jesus in Nazareth

Jesus verließ Kapernaum und kam mit seinen Jüngern in seinen Heimatort Nazareth. Am siebten Tag der Woche, dem Sabbat, ging er in die Synagoge und redete zu den Leuten. Alle waren erstaunt und sagten: „Woher hat er das alles? Wer gibt ihm die Kraft, zu predigen und Kranke zu heilen? Er ist doch nur der Sohn einfacher Leute. Wir kennen doch seine Familie. Sein Vater ist der Zimmermann Josef, seine Mutter ist die Maria. Seine Brüder Jakobus, Joses, Judas und Simon wohnen hier. Auch seine Schwestern kennen wir. Das sind Leute wie wir; nichts Besonderes. Warum will er uns belehren?"

Jesus merkte, dass seine Landsleute ihm feindlich gesinnt waren. Darum sagte er zu ihnen: „Ein Prophet ist überall geachtet. Nur an seinem Heimatort und bei seinen Verwandten und in seiner Familie wird er nicht ernst genommen."

Jesus konnte in Nazareth keine Wunder tun, weil die Menschen ihm kein Vertrauen schenkten. Nur ein paar wenige heilte er. Dann verließ er Nazareth und ging in andere Dörfer.

Die Boten des Täufers

Es war schon einige Zeit vergangen, seit Johannes der Täufer im Gefängnis war. Er ließ aber den Mut nicht sinken, denn er dachte: „Bald kommt der Erlöser. Bestimmt wird er mich aus dem Kerker befreien."

Aber es geschah nichts. Da schickte Johannes einige seiner Anhänger zu Jesus mit dem Auftrag: „Fragt Jesus, ob er wirklich der Erlöser ist oder ob ich auf einen anderen warten soll."

Die Männer gingen zu Jesus und richteten ihm die Frage des Johannes aus.

Jesus antwortete ihnen: „Berichtet Johannes, was ihr hier seht und hört: Kranke werden gesund und den Armen bringe ich die frohe Botschaft."

Da erkannten sie, dass Jesus der Erlöser war und erzählten es Johannes dem Täufer.

Der Tod des Johannes

Bald darauf hatte der Fürst Herodes Antipas Geburtstag. Er lud viele Gäste ein. Seine Stieftochter tanzte vor ihnen. Herodes war von ihrer Schönheit und der Anmut ihres Tanzes begeistert. Er sagte so laut zu ihr, dass alle es hörten: „Ich schwöre, dass ich dir jeden Wunsch erfülle!"

Da fragte das Mädchen ihre Mutter: „Was soll ich mir denn wünschen?"

Herodias aber dachte daran, wie Johannes der Täufer Herodes und sie vor allem Volk getadelt hatte wegen ihrer Heirat. Und sie sprach: „Wünsche dir, dass Johannes der Kopf abgeschlagen wird!"

Da sagte das Mädchen zu Herodes: „Gib mir den Kopf des Täufers Johannes auf einem Teller!"

Herodes erschrak. Er wollte Johannes nicht töten. Aber er konnte seiner Stieftochter den Wunsch nicht abschlagen. Er hatte sein Versprechen vor allen Gästen gegeben.

Darum schickte Herodes sogleich den Henker ins Gefängnis und so wurde der Wunsch seiner Stieftochter erfüllt.

Die Zwölf bekommen einen Auftrag

Jesus sagte zu den Zwölf: „Ihr habt viel von mir gelernt. Geht jetzt zu zweit in die Städte und Dörfer im Land. Ihr dürft Sandalen anziehen und einen Stock in die Hand nehmen, damit ihr euch  darauf stützen und euch gegen wilde Tiere wehren könnt. Aber einen Geldbeutel, Geld oder ein zweites Gewand oder Brot dürft ihr nicht bei euch haben. Wenn euch unterwegs jemand in sein Haus aufnimmt und euch zu essen und einen Schlafplatz gibt, dann bleibt dort. Aber wenn euch an einem Ort niemand zuhören will und kein Mensch euch etwas zu essen gibt, dann verlasst den Ort sofort."

Da machten sich die Zwölf auf den Weg. Überall verkündeten sie die frohe Botschaft von Jesus. Sie heilten auch viele Kranke.

Ein Mahl
für mehr als fünftausend Menschen

Nach einiger Zeit kamen die Zwölf wieder zu Jesus und berichteten ihm von ihrer Wanderschaft. Da sagte er zu ihnen: „Wir wollen an einen ruhigen Platz gehen. Dort könnt ihr ausruhen." Denn es kamen und gingen in einem fort Leute, so dass Jesus und die Zwölf nicht einmal Zeit zum Essen hatten.

So fuhren sie mit dem Schiff an einen ruhigen Ort. Aber die Leute sahen sie wegfahren. Aus allen Ortschaften liefen sie ihnen nach und als das Schiff ans andere Ufer stieß, wartete dort schon eine große Menschenmenge. Jesus sah die Leute und hatte Erbarmen mit ihnen. Sie glichen einer Schafherde ohne Hirten. Also setzte er sich hin und redete zu den Menschen.

Als es Abend wurde, sagten die Zwölf zu Jesus: „Es ist schon spät. Sag den Leuten, dass sie gehen sollen, damit sie sich in den Bauernhöfen und Dörfern in der Nähe noch etwas zu essen kaufen können."

„Gebt ihr ihnen doch zu essen!", antwortete Jesus.

Die Jünger riefen aus: „Wenn wir das wollten, müssten wir ja für zweihundert Denare Brot kaufen!"

„Schaut nach, wieviel Brote ihr bei euch habt!", befahl Jesus.

Die Jünger zählten die Vorräte und sagten: „Es sind fünf Brote und zwei Fische da."

Jesus befahl, sich gruppenweise ins grüne Gras zu setzen. Da ließen sich die Leute in Gruppen zu hundert und zu fünfzig nieder. Jesus nahm die fünf Brote und die zwei Fische, blickte zum Himmel, sprach das Dankgebet, brach die Brote und gab sie den Jüngern. Die Jünger gaben die Brote weiter an die Gruppen. Das Gleiche geschah auch mit den zwei Fischen: Jesus teilte sie unter alle.
Und alle aßen und wurden satt. Mit den Resten füllten sie sogar noch zwölf Körbe.
Etwa fünftausend Männer, dazu ihre Frauen und Kinder, waren bei dem Mahl dabei gewesen.

Jesus und der Sabbat

Jesus ging am Sabbat durch die Felder, auf denen das Korn reifte. Seine Jünger rissen am Wegrand Ähren ab und aßen die Körner.

Einige Pharisäer beobachteten das und fragten Jesus: „Warum machen deine Jünger etwas, das nach dem Gesetz verboten ist?"

Da antwortete ihnen Jesus: „Habt ihr nie gelesen, was David machte, als er und seine Begleiter Hunger hatten? Er ging in den Tempel und aß die Opferbrote, die doch nur die Priester essen durften. Sogar seinen Begleitern gab er von den heiligen Broten zu essen."

Und Jesus fügte hinzu: „Der Sabbat ist für den Menschen geschaffen worden und nicht der Mensch für den Sabbat."

Die Geschichte vom barmherzigen Samariter

Männer, die das Gesetz des Mose genau studiert hatten, nannte man damals Schriftgelehrte. Einmal kam ein solcher Schriftgelehrter zu Jesus und fragte ihn: „Meister, ich möchte das ewige Leben bekommen. Was muss ich da tun?"

Jesus antwortete ihm: „Du kennst die Bibel. Dort steht, was man tun muss. Sag es mir!"

Der Schriftgelehrte wusste, welche Stelle der Bibel Jesus meinte und sagte: „Du sollst Gott von ganzem Herzen lieben und deinen Nächsten wie dich selbst."

„Du hast richtig geantwortet", sagte Jesus. „Liebe Gott und deinen Mitmenschen. Dann bekommst du gewiss das ewige Leben!"

„Aber es gibt so viele Menschen", fuhr der Schriftgelehrte fort. „Ich kann sie doch nicht alle gern haben! Woher weiß ich denn, wer mein Mitmensch ist, den ich gern haben muss?"

Da erzählte ihm Jesus eine Geschichte:

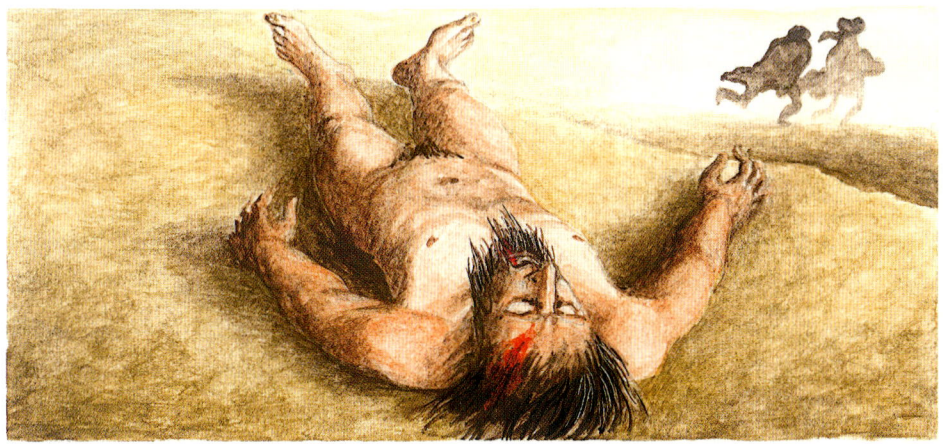

„Ein Mann ging von Jerusalem durch die Wüste nach Jericho. Plötzlich stürzten sich Räuber auf ihn. Sie raubten ihn aus, schlugen ihn zusammen, rannten weg und ließen ihn schwer verletzt auf dem Boden liegen.

Nach einiger Zeit kam ein Priester vorbei. Als er den Mann da liegen sah, machte er einen Bogen um ihn und ging weiter. Genauso tat es auch ein Levit, ein Tempeldiener, der ein wenig später vorbeikam. Er sah den Mann am Boden und ließ ihn liegen. Schließlich kam ein Mann aus Samaria des Wegs: ein Fremder. Er gehörte nicht zum Volk der Juden und opferte nicht im Tempel. Aber er hatte Mitleid mit dem Verletzten. Er untersuchte die Wunden, wusch sie mit Wein aus, behandelte sie mit Öl und verband sie. Dann hob er ihn auf sein Reittier und brachte ihn in das nächste Gasthaus. Bevor er am anderen Tag weiterzog, gab er dem Wirt zwei Silberstücke und bat ihn: Pflege den Verwundeten! Und wenn es mehr kostet, dann gebe ich dir das Geld, sobald ich wieder zurückkomme."

Als Jesus die Geschichte erzählt hatte, fragte er den Schriftgelehrten: „Wer von den drei Männern erkennt, dass der Verwundete sein Mitmensch ist?"

„Derjenige, der ihm hilft", gab der Schriftgelehrte zur Antwort.

Da nickte Jesus und sagte: „Mach es auch so! Dann bekommst du bestimmt das ewige Leben."

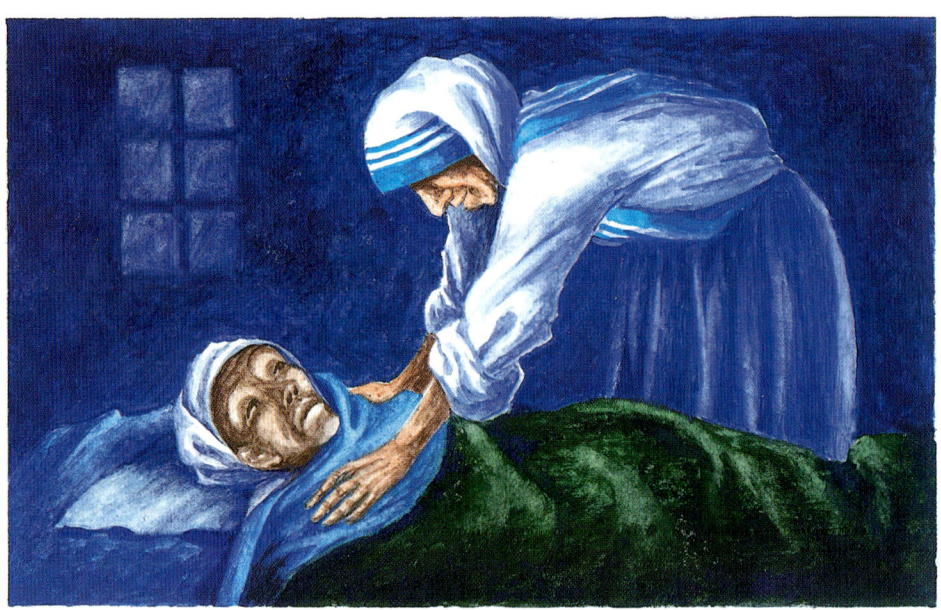

Aus der Bergpredigt

Eine große Menschenmenge umdrängte Jesus. Da stieg er den Hang hinauf und setzte sich auf den Berg. So konnten ihn alle sehen und hören. Jesus sagte:

„Selig sind, die Gott vertrauen, denn ihrer ist das Himmelreich. Selig sind, die da Leid tragen, denn sie sollen getröstet werden.

Selig sind, die den anderen sanft und ohne Gewalt begegnen. Gott wird ihnen die Erde schenken.
Selig sind, die es hungert und dürstet nach Gerechtigkeit. Gott wird ihre Sehnsucht erfüllen.
Selig sind, die barmherzig sind. Gott wird auch mit ihnen barmherzig sein.

Selig sind, die reinen Herzens sind; denn sie werden Gott schauen.
Selig sind, die Frieden stiften. Sie werden Gottes Kinder sein.

Selig sind, die verfolgt werden, weil sie Gott vertrauen. Ihnen wird
das Himmelreich gehören.
Selig seid ihr, wenn euch die Menschen beschimpfen und verfolgen, weil ihr meine Jüngerinnen und Jünger seid. Seid fröhlich und
jubelt, denn Gott wird bei euch sein und euch belohnen."

Jesus sagte weiter:
„In den alten Gesetzen heißt es: Wer einem anderen den Zahn aus-
schlägt, dem soll auch ein Zahn ausgeschlagen werden. Ich aber
gebe euch ein neues Gesetz: Ihr sollt Böses nicht zurückzahlen.
Wenn euch einer auf die rechte Backe schlägt, dann haltet ihm
auch die linke hin. Wenn euch einer das Hemd wegnimmt, dann
schenkt ihm zugleich die Jacke. Und wenn jemand etwas von euch
ausleihen will, dann gebt es ihm."

Jesus fuhr fort:

„Es gibt Menschen, die sagen: Liebe deine Freunde und Verwandten; hasse deine Feinde! Ich aber sage euch: Liebt eure Feinde! Betet für die Menschen, die euch verfolgen! So sehen die Menschen, dass ihr Gottes Kinder seid. Denn euer Vater im Himmel lässt auf alle Menschen die Sonne scheinen, ob sie gut sind oder böse. Und er lässt es auf alle Menschen regnen, ob sie ihm vertrauen oder nicht. Wenn ihr nur *die* Menschen lieb habt, die euch lieb haben, dann tut ihr ja nichts Besonderes. Ihr sollt genauso handeln wie Gott und allen Menschen Gutes tun."

Über das Beten sagte Jesus:
„Wenn ihr betet, dann leiert nicht gedankenlos Worte vor euch hin.
Gott will keine endlosen Gebete hören. Er weiß, was ihr nötig habt,
bevor ihr ihn lange darum bittet. Betet darum so:

Vater unser im Himmel.
Geheiligt werde dein Name.
Dein Reich komme.
Dein Wille geschehe,
wie im Himmel so auf Erden.
Unser tägliches Brot gib uns heute.
Und vergib uns unsere Schuld,
wie auch wir vergeben unseren Schuldigern.
Und führe uns nicht in Versuchung,
sondern erlöse uns von dem Bösen.
Denn dein ist das Reich und die Kraft
und die Herrlichkeit in Ewigkeit."

Alle, die Jesus zuhörten, waren tief beeindruckt von seinen Worten.
Sie merkten, dass Gott selber durch ihn sprach.

Jesus verlässt Galiläa

Das Vertrauen einer Fremden

Eines Tages verließ Jesus die Gegend am See Genezareth. Er wollte mit seinen Jüngern allein sein.

Sie kamen in ein Gebiet, wo fast keine Juden wohnten. Die Menschen dort glaubten nicht an Gott, sondern beteten Götter an.

Da kam ihnen auf dem Weg eine Frau entgegen. Sie rief: „Herr Jesus! Hab Mitleid mit mir! Meine Tochter ist krank! Hilf ihr!"

Doch Jesus kümmerte sich nicht um die Frau. Er gab ihr keine Antwort und schritt weiter.

Aber die Frau gab nicht auf. Sie lief Jesus nach, schrie und bettelte in einem fort, bis schließlich die Jünger zu Jesus sagten: „Wir müssen die Frau loswerden! Sonst schreit sie noch stundenlang hinter uns her!"

Jesus sagte: „Ich will mit der Frau nichts zu tun haben. Sie ist eine Fremde. Ich bin nur für mein eigenes Volk da."

Da warf sich die Frau vor Jesus auf den Boden und bat: „Hilf mir doch, Herr!" Jesus schüttelte den Kopf. „Es ist nicht recht, den Kindern das Brot wegzunehmen und es den Hunden zu füttern."

„Du hast Recht, Herr", sagte die Frau. „Ich gehöre nicht zu deinem Volk. Ich bete zu anderen Göttern. Ich bin wie ein schmutziger Hund. Aber die Hunde bekommen doch auch die Brotreste, die ihnen vom Tisch zugeworfen werden!"

Da lächelte Jesus, nickte der Frau zu und sagte: „Du bist eine beharrliche Frau. Du lässt dich nicht abweisen. Das zeigt, dass du großes Vertrauen zu Gott und zu mir hast. Darum will ich dir helfen. Deine Tochter soll gesund werden."

So geschah es.

Die Geschichte vom beharrlichen Bitten

Jesus erzählte seinen Jüngern folgende Geschichte:
„Stellt euch vor: Einer von euch geht mitten in der Nacht vor das Haus seines Freundes. Es ist stockdunkel und alles schläft. Er klopft an die Haustür und ruft: Mein lieber Freund! Soeben ist ein Bekannter zu mir gekommen. Er hat Hunger. Aber ich kann ihm nichts vorsetzen, weil ich alle meine Vorräte aufgebraucht habe. Leih mir doch bitte drei Brote!
Schlaftrunken ruft der Freund aus dem Haus: Lass mich in Ruhe! Ich liege im Bett. Meine Frau und meine Kinder schlafen. Wenn ich aufstehe, wecke ich alle. Geh heim! Ich kann dir nichts geben.
Aber der Mann vor dem Haus lässt sich nicht abwimmeln. Er bettelt und ruft beharrlich: Brot! Brot! Gib mir bitte Brot!
Endlich hat der Mann im Haus genug von dem Lärm. Schimpfend steht er auf, holt drei Brote, öffnet die Tür, streckt sie dem Störenfried hin und knurrt: Nimm, du unverschämter Kerl, jetzt scher dich weg! Ich will meine Ruhe haben!
Genauso beharrlich müsst ihr zu Gott beten. Bittet, so wird euch gegeben; suchet, so werdet ihr finden; klopfet an, so wird euch aufgetan."

Jesus und Petrus

Als Jesus mit seinen Jüngern weiterzog, sagte er zu ihnen: „Ihr hört doch, was die Leute so über mich reden. Für wen halten sie mich eigentlich?"

Die Jünger antworteten: „Manche sagen: Jesus ist Johannes der Täufer! Andere halten dich für Elija! Und wieder andere sind überzeugt, dass du ein Prophet bist, wie Jeremia einer war."

„Und ihr", fragte Jesus und schaute die Jünger an, „für wen haltet ihr mich?"

Da sagte Simon: „Du bist der Christus. Der Heiland und Retter. Der König, den Gott uns Menschen versprochen hat."

Jesus erwiderte: „Was du jetzt gesagt hast, Simon, hat Gott selber zu dir gesprochen. Darum sollst du von jetzt an nicht mehr Simon heißen, sondern Petrus, der Fels. Auf dich will ich meine Gemeinde bauen. Ich will dir die Schlüssel zum Himmelreich geben."

Dann befahl Jesus den Jüngern: „Sagt niemandem, dass ich der Christus bin!"

Jesus redet von seinem Sterben

Bevor sie weiter gingen, sagte Jesus zu den Jüngern: „Bald ist das Passafest. Ich muss nach Jerusalem ziehen. Dort werde ich viel leiden müssen und getötet werden. Aber am dritten Tag wird mich Gott von den Toten auferwecken."

Die Jünger erschraken. Petrus nahm Jesus beiseite und redete auf ihn ein. „Geh nicht nach Jerusalem", sagte er. „Niemand darf dich töten."

Da wurde Jesus zornig. „Geh!", rief er. „Du willst, dass alles geschieht, wie es dir gefällt. Ich aber tue, was Gott von mir verlangt!"

Dann wandte er sich an alle Jünger: „Wer zu mir gehören will, darf kein bequemes und unbeschwertes Leben erwarten. Er muss auch Leid und Schmerz annehmen."

Jesus und die Kinder

Jesus ging nach Jerusalem. Weil das Passafest bevorstand, begleiteten ihn viele Jüngerinnen, Jünger und andere Frauen und Männer. Auf dem Weg kamen ihnen Väter und Mütter mit ihren Kindern entgegen. Jesus sollte ihnen die Hände auf den Kopf legen, sie segnen und für sie beten. Aber einige der Jünger ließen die Kinder nicht zu Jesus.

Da fuhr Jesus die Jünger voller Zorn an: „Lasst die Kinder zu mir kommen! Gerade für sie hat Gott das Himmelreich bereit. Wenn ihr nicht Gott vertraut, wie die Kinder es tun, könnt ihr nie ins Himmelreich kommen."

Dann schob er die Jünger beiseite, umarmte die Kinder, legte ihnen die Hände auf den Kopf und segnete sie.

Der Reiche und das ewige Leben

Unterwegs lief ein Mann auf Jesus zu und kniete vor ihm nieder. „Guter Meister", fragte er, „was muss ich tun, um das ewige Leben zu bekommen?"

Jesus wies ihn zurecht: „Du sollst nicht guter Meister zu mir sagen! Nur Gott ist gut. Und Gott will, dass wir nicht morden, nicht stehlen und rauben, nichts Unwahres sagen; dass wir die Ehe schützen und Vater und Mutter lieb haben."

„Ich kenne diese Gebote", antwortete der Mann. „Ich habe sie immer beachtet."

Jesus schaute den Mann voller Liebe an und sagte: „Wenn es so ist, fehlt dir nur noch dieses eine zum ewigen Leben: Verkauf alles, was du hast! Gib das Geld den Armen! Und dann: Komm mit mir und werde mein Jünger!"

Da wurde der Mann sehr traurig und lief weg, denn er war ein sehr reicher Mann.

Jesus aber sagte zu denen, die mit ihm waren: „Wie schwer ist es

doch für reiche Leute, in das Reich Gottes zu kommen. Eher geht ein Kamel durch ein Nadelöhr, als dass ein Reicher ins Gottesreich kommt."

Der reiche Mann und der arme Lazarus

Jesus erzählte den Leuten die Geschichte vom reichen Mann und vom armen Lazarus:

„Es war einmal ein reicher Mann. Er wohnte in einer Villa und trug nur die teuersten und besten Gewänder. Er lebte in Saus und Braus.

Vor seinem Haustor aber lag ein armer Mann. Er hieß Lazarus. Lazarus war krank und Geschwüre bedeckten seinen Körper. Wenn die Hunde kamen und an seinen Wunden leckten, konnte er sich nicht wehren. Er wartete sehnsüchtig darauf, dass ihm der Reiche den Abfall seiner Mahlzeiten herauswarf.

Da starb Lazarus. Die Engel Gottes kamen und trugen ihn zu Abraham in den Himmel.

Auch der Reiche starb und es gab ein großes Begräbnis. Ihn aber trugen keine Engel in den Himmel. Er kam in die Totenwelt und musste dort große Qualen erleiden.

Als er einmal hinaufschaute, sah er Abraham. Und er erblickte in seinen Armen Lazarus. Da rief er laut: Vater Abraham! Hab Mitleid mit mir! Das Feuer hier brennt entsetzlich. Schick den Lazarus zu mir herunter! Er soll die Fingerspitze ins Wasser tauchen und meine Zunge ein wenig kühlen!

Abraham gab ihm zur Antwort: Du bist auf Erden reich gewesen und hast alles gehabt, was du nur wolltest. Lazarus dagegen war arm und krank. Darum darf er sich jetzt freuen, während du Qualen leiden musst. Selbst wenn Lazarus zu dir gehen wollte – er kann es nicht. Denn zwischen dir und dem Himmel liegt ein ungeheuer großer Graben. Niemand von uns kann zu euch gehen, niemand von euch kann zu uns kommen.

Dann schick den Lazarus doch wenigstens auf die Erde!, rief der Reiche. Er soll zu meinen fünf Brüdern gehen und sie warnen, damit nicht auch sie einmal an diesen schrecklichen Ort kommen.

Das ist nicht nötig, antwortete Abraham. Deine Brüder können die Bibel lesen. Dort steht, wie der Mensch leben muss, damit er in den Himmel kommt.

Das genügt nicht, rief der Reiche. Nur wenn ein Toter zu ihnen käme und es ihnen sagen würde, könnten sie es glauben.

Nein, sagte Abraham. Wenn sie nicht auf das hören, was in der Heiligen Schrift steht, dann hören sie auch nicht auf das, was jemand sagt, der vom Tod ins Leben zurückkommt."

Ein Blinder sieht wieder

Jesus näherte sich mit der ganzen Menge, die ihn begleitete, der Stadt Jericho. Dort saß ein Blinder am Straßenrand und bettelte. Als er die Leute vorbeiziehen hörte, fragte er: „Was ist los? Warum gehen so viele Menschen in die Stadt?"

Einer gab ihm zur Antwort: „Jesus von Nazareth ist auf dem Weg nach Jerusalem. Wir begleiten ihn."

Da rief der Blinde, so laut er konnte: „Jesus! Hab Mitleid mit mir!"

„Schweig still!", fuhren ihn die Leute an, die vor Jesus hergingen. Der Blinde aber kümmerte sich nicht um sie. Er schrie: „Jesus! Hab Mitleid mit mir!"

Da blieb Jesus stehen. „Bringt den Mann zu mir!", befahl er seinen Begleitern.

Als der Blinde vor ihm stand, fragte ihn Jesus: „Was soll ich für dich tun?"

„Ich möchte wieder sehen können, Herr", antwortete der Blinde.

„Du hast ein großes Vertrauen", sagte Jesus. „Darum sollst du jetzt sehen können!"

Da wurde dem blinden Mann das Augenlicht wieder geschenkt. Er freute sich unbändig und dankte Gott, dass er die Menschen, die Blumen und Bäume und den Himmel sehen konnte. Und alle, die um ihn standen, freuten sich mit ihm und lobten Gott.

Der Mann aber wurde ein Jünger Jesu.

Zachäus

In der Stadt Jericho lebte damals ein Zolleinnehmer namens Zachäus. Er besaß viel Geld und wohnte in einem prachtvollen Haus. Aber er hatte keine Freunde, weil die Zolleinnehmer verhasst waren.

Zachäus hörte, dass Jesus durch Jericho ziehen würde. Er wollte diesen berühmten Mann unbedingt sehen. Aber in den Gassen der Stadt Jericho standen die Menschen dicht gedrängt und versperrten Zachäus die Sicht. Denn er war klein und konnte nicht über die anderen hinwegsehen. Kurz entschlossen kletterte Zachäus auf einen Maulbeerfeigenbaum, dessen Äste tief unten aus dem Stamm wuchsen.

Als Jesus durch die Straße kam, blieb er genau unter diesem Baum stehen, schaute hinauf und sagte: „Komm schnell herunter, Zachäus! Ich will heute dein Gast sein!"

Zachäus freute sich, dass Jesus gerade zu ihm, dem verhassten Zolleinnehmer, kommen wollte. Sofort kletterte er vom Baum und führte Jesus zu sich nach Hause.

Die Menschen von Jericho aber ärgerten sich. Als Jesus bei Zachäus aß und trank und alle fröhlich waren, kamen ein paar zu ihm und sagten missbilligend: „Warum nur gehst du zu so einem schlechten Menschen?"

Da sagte Zachäus zu Jesus: „Sie haben Recht. Ich bin ein schlechter Mensch. Aber ich verspreche: Ich gebe die Hälfte von allem, was ich besitze, den Armen. Und allen, die ich betrogen habe, gebe ich es vierfach zurück."

„Das ist ein Freudentag für dich und deine ganze Familie", gab ihm Jesus zur Antwort. „Obwohl du ein verachteter Zolleinnehmer bist, hat Gott dich lieb gewonnen. Und darum bin ich auch zu dir gekommen: Ich will die verachteten und verlorenen Menschen retten."

Die Geschichte vom barmherzigen Vater

Jesus erzählte den Leuten eine Geschichte:

„Ein Vater hatte zwei Söhne. Der Jüngere sagte zu ihm: Wenn du einmal stirbst, Vater, dann bekomme ich einen Teil von deinen schönen Kleidern, von deinem wertvollen Schmuck, von deinem Gold – von all dem, was dir gehört. Aber ich kann nicht warten, bis du gestorben bist. Ich möchte alles jetzt schon haben! Gib es mir!

Da verteilte der Vater das, was er besaß, unter seine beiden Söhne. Der Jüngere verkaufte sogleich alles, was er bekommen hatte und zog mit dem Geld von seinem Vater weg an einen fremden Ort. Dort lebte er in Saus und Braus, bis er die letzte Münze verjubelt hatte.

Gerade zu dieser Zeit brach eine große Hungersnot aus. Der junge Mann hatte nichts mehr zu essen. Es ging ihm sehr schlecht. Er suchte Arbeit und fand endlich eine Stelle als Schweinehirt. Er war so hungrig, dass er am liebsten die Abfälle für die Schweine gegessen hätte. Aber die Schweine ließen ihn nicht an ihr Fressen.

Da dachte er: Die Taglöhner, die bei meinem Vater arbeiten, haben es gut. Sie bekommen genug zu essen. Und ich soll hier verhungern? Ich will wieder heimgehen und zu meinem Vater sagen: Vater, ich habe mich schlecht gegen Gott und gegen dich benommen. Ich habe es nicht verdient, dass ich noch dein Sohn bin und du mir etwas gibst. Aber ich möchte bei dir als Taglöhner arbeiten.
So machte er sich auf den Weg zu seinem Vater.
Der Vater sah ihn schon von weitem. Er hatte Mitleid mit ihm, lief ihm entgegen und umarmte und küsste ihn.
Der Sohn sagte: Vater, ich habe mich schlecht gegen Gott und gegen dich benommen. Ich habe es nicht verdient, dass ich noch dein Sohn bin und du mir etwas gibst. Aber ich will bei dir als Taglöhner arbeiten.
Da drehte sich der Vater um, rief seine Diener und befahl: Vorwärts! Holt das schönste Kleid und zieht es ihm an! Bringt ihm Schuhe! Steckt ihm einen Ring an den Finger! Schlachtet ein Kalb! Wir wollen ein Fest feiern. Denn mein Sohn war tot, aber jetzt lebt er wieder. Er war verloren, aber jetzt haben wir ihn wiedergefunden!
Bald feierten sie ein großes Fest und alle waren fröhlich.

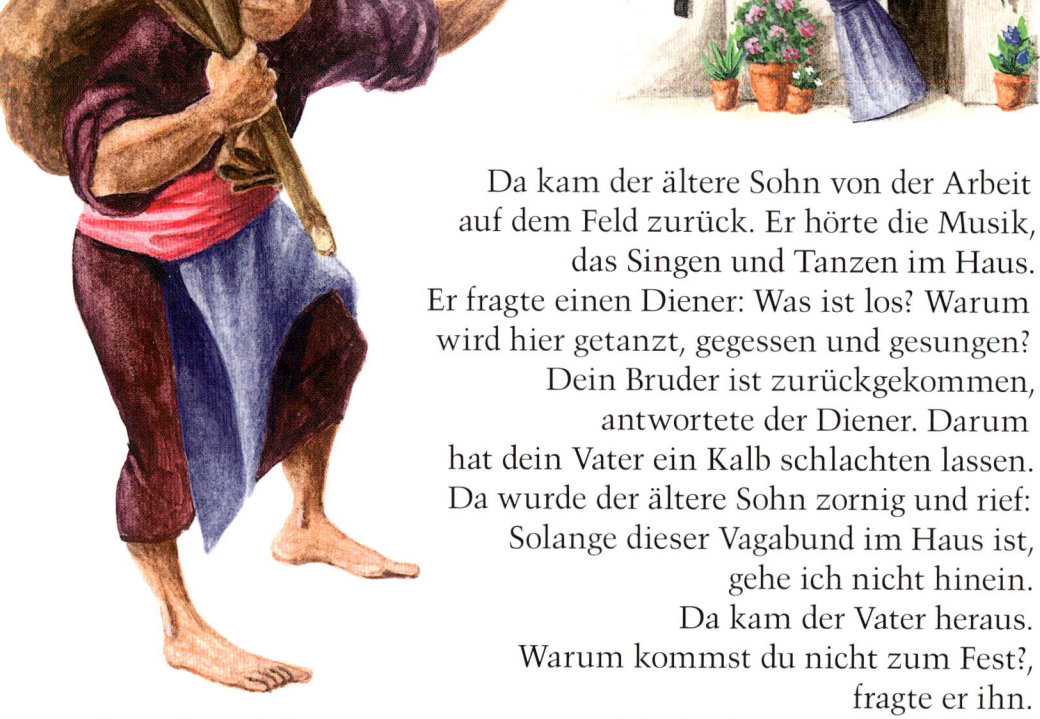

Da kam der ältere Sohn von der Arbeit
auf dem Feld zurück. Er hörte die Musik,
das Singen und Tanzen im Haus.
Er fragte einen Diener: Was ist los? Warum
wird hier getanzt, gegessen und gesungen?
Dein Bruder ist zurückgekommen,
antwortete der Diener. Darum
hat dein Vater ein Kalb schlachten lassen.
Da wurde der ältere Sohn zornig und rief:
Solange dieser Vagabund im Haus ist,
gehe ich nicht hinein.
Da kam der Vater heraus.
Warum kommst du nicht zum Fest?,
fragte er ihn.
Der ältere Sohn antwortete: Vater, ich habe die ganze Zeit schwer
für dich gearbeitet. Wenn du mir etwas befohlen hast, habe ich
es ohne Murren getan. Und was hast du mir dafür gegeben? Hast
du auch nur einmal für mich eine Ziege schlachten lassen? Habe
ich auch nur einmal mit meinen Freunden ein Fest feiern können?
Und jetzt kommt dieser Vagabund, der alles Geld verschwendet
hat, nach Hause und schon schlachtest du das beste Kalb und lässt
Musikanten kommen!
Aber mein Sohn, sagte der Vater, was soll ich dir denn geben? Alles,
was ich habe, gehört dir ja! Aber jetzt, da dein Bruder heimgekom-
men ist, kann ich nicht anders: Ich muss mich freuen und feiern.
Denn er war tot und jetzt lebt er wieder. Er war verloren, aber jetzt
haben wir ihn wiedergefunden."

Jesus in Jerusalem

Jesus kommt nach Jerusalem

Jesus und seine Begleiter und Begleiterinnen zogen von der Stadt Jericho im Jordantal nach Jerusalem. Steil stieg die Straße durch die heiße Steinwüste. Vor Jerusalem lag das Dorf Betanien, wo Bekannte von Jesus wohnten: Maria, Marta, Simon und Lazarus.

Als Jesus die Häuser des Dorfes sah, sagte er zu zweien seiner Jünger: „Geht voraus! Gleich beim Dorfeingang findet ihr einen Esel. Bindet ihn los und führt ihn zu mir. Wenn euch jemand fragen sollte, warum ihr das tut, so antwortet einfach: Jesus braucht das Tier. Wir werden es bald wieder zurückbringen."

Die beiden Jünger eilten voraus und fanden den Esel beim Dorfeingang an ein Hoftor angebunden. Als sie den Strick lösten, fragten die Leute, die auf der Straße herumstanden, sofort: „Was macht ihr da? Gehört der Esel euch?" Die Jünger antworteten: „Jesus braucht das Tier. Wir werden es bald wieder zurückbringen." Da ließen die Leute sie gewähren.

Die Jünger führten den Esel zu Jesus und legten ihre Mäntel auf den Rücken des Tieres. Dann ritt Jesus über den Ölberg auf die Stadt Jerusalem zu und seine Jüngerinnen und Jünger und viele andere Menschen begleiteten ihn.

Als sie zum Stadttor kamen, zogen ihnen eine ganze Menge Frauen, Männer und Kinder aus der Stadt entgegen, denn die Ankunft Jesu hatte sich herumgesprochen. Einige legten ihre Mäntel vor ihm auf die staubige Straße, so dass er wie auf einem Teppich ritt. Andere rissen Zweige von den Palmen, die längs der Straße wuchsen und legten sie ebenfalls auf den Weg.

Dann stimmten sie ein Lied aus dem Buch der Psalmen an:
„Hosianna!
Gelobt sei,
der da kommt
im Namen des Herrn."

So kam Jesus nach Jerusalem.
Er schaute sich in der Stadt um. Er stieg auch auf den Hügel, auf
dem der Tempel lag. Das Tempelgebäude war von einer großen
Mauer, drei Vorhöfen und vielen Gebäuden umgeben.

Am Abend ging er mit den zwölf Jüngern nach Betanien zurück.

Maria und Marta

Als Jesus und seine Begleiterinnen und Begleiter weiterzogen, kamen sie in ein Dorf. Dort lebte eine Frau namens Marta mit ihrer Schwester Maria. Marta lud Jesus in ihr Haus ein und Jesus kehrte bei ihr ein.

Marta gab sich große Mühe mit der Zubereitung des Essens. Sie bediente Jesus und hatte alle Hände voll zu tun. Indessen saß ihre Schwester Maria Jesus zu Füßen. Sie vergaß alles um sich her, weil sie nur auf das hörte, was Jesus erzählte.

Da trat Marta zu Jesus und sagte: „Herr, du siehst doch, dass ich die ganze Arbeit allein machen muss, während meine Schwester dasitzt und nichts tut. Sag ihr doch, dass sie mir helfen soll!"

Jesus antwortete ihr: „Du arbeitest in einem fort, Marta und mühst dich um tausend Dinge. Und dabei vergisst du das Wichtigste! Maria aber hat gemerkt, dass die frohe Botschaft von Gottes Liebe wichtiger ist als alles andere. Darum soll sie weiterhin hier bleiben."

Jesus verjagt die Tempelhändler

Die drei Vorhöfe des Tempels waren durch Mauern und Tore voneinander getrennt. Im äußersten Hof konnten die Tempelbesucher ihr Geld in Tempelmünzen tauschen. Tempelmünzen galten als heiliges Geld. Nur sie durften in die Opferstöcke gelegt werden.

Im äußersten Hof verkauften Händler Tauben, Schafe, Ziegen und andere Tiere, die man dem Priester zum Opfer bringen konnte.

Am nächsten Tag ging Jesus wieder in den Tempel. Als er die Geldwechsler und die Tierverkäufer sah, wurde er zornig. Er stieß die Tische, auf denen sich das Geld häufte, und die Stände der Taubenverkäufer um, so dass das Geld durch den Staub rollte und die Tauben herumflatterten.

Jesus rief: „Gott hat gesagt: Mein Tempel soll ein Ort sein, an dem die Menschen beten. Ihr aber habt aus dem Bethaus ein Kaufhaus gemacht!"

Einige der Priester waren empört über Jesus. Unter ihnen befanden sich besonders die Priester, die einen hohen Rang einnahmen, und der höchste der Priester, den man den Hohen Priester nannte. Sie dachten: „Jesus verdirbt uns das Geschäft! Wenn niemand mehr Geld wechselt und niemand mehr Opfertiere kauft – wozu sind wir dann noch da?" Am liebsten hätten sie Jesus getötet. Aber sie hatten vor den vielen Leuten Angst, die um Jesus waren. So konnte Jesus mit seinen Jüngern am Abend wieder nach Betanien zurückkehren, ohne dass ihm jemand etwas angetan hätte.

Aber die Priester berieten, wie sie Jesus an einem einsamen Ort ergreifen könnten.

Da ging Judas, einer der Zwölf, zu den Priestern und sagte: „Wenn ihr Jesus verhaften wollt, kann ich euch helfen. Ich werde euch einen Wink geben, wenn die Gelegenheit günstig ist."

Die Priester freuten sich. „Wenn du uns hilfst, bekommst du Geld", sagten sie.

Judas wartete auf eine Gelegenheit, bei der er Jesus den Priestern verraten konnte.

Eine Frau salbt Jesus

In Betanien wohnten Jesus und die zwölf Jünger bei einem Mann namens Simon. Als alle beim Essen waren, trat eine Frau ins Zimmer. In der Hand hielt sie eine kleine Flasche mit sehr teurem wohlriechendem Öl.

Sie trat zu Jesus, löste den Verschluß des Fläschchens und goss Jesus das Öl über den Kopf.

Einige der Gäste regten sich darüber auf. Einer sagte: „Solches Öl braucht man doch, um Tote zu salben!"

Ein anderer rief: „Was für eine Verschwendung! Das Öl hat bestimmt dreihundert Silberstücke gekostet. Dafür hätte man vielen armen Leuten lange Zeit jeden Tag Brot geben können!"

Die Frau war ganz verlegen.

„Lasst sie in Ruhe!", rief Jesus. „Sie hat etwas Gutes für mich getan. Arme Leute wird es immer geben und ihr könnt ihnen jeden Tag von eurem Überfluss schenken. Aber ich bin nicht mehr lange bei euch. Die Frau hat mich aus Liebe schon jetzt für mein Begräbnis gesalbt. Und ich bin ganz sicher: Überall auf der Welt, wo Menschen von mir und meiner frohen Botschaft erzählen werden, da wird man auch erzählen, was die Frau jetzt für mich getan hat."

Das Passa-Mahl wird vorbereitet

Das Passafest, das mit dem Fest der Ungesäuerten Brote verbunden war, begann am Donnerstagabend. Beide Feste wurden als Erinnerung an die Befreiung des Volkes Israel aus Ägypten gefeiert. Jede Familie musste vor Beginn des Festes ein Schaf- oder Ziegenböcklein auf dem Altar vor dem Tempel schlachten lassen und es nachher braten oder kochen und essen.

Die Zwölf fragten Jesus: „Wo sollen wir das Passa-Mahl mit dir halten?"

Da schickte Jesus zwei Jünger nach Jerusalem. Er sagte zu ihnen: „Wenn ihr durch das Tor in die Stadt kommt, werdet ihr einen Mann sehen, der einen Wasserkrug trägt. Geht ihm nach, bis er ein Haus betritt! Sagt zum Besitzer dieses Hauses: Unser Meister möchte mit seinen Jüngern das Passa-Mahl halten. Dann wird er euch ein großes Zimmer im oberen Stockwerk zeigen."

Die beiden Jünger machten sich auf den Weg. In der Stadt kamen ihnen Frauen mit Wasserkrügen vom Brunnen entgegen, denn das Wassertragen war Frauenarbeit. Ein einziger Mann jedoch befand sich unter ihnen. Dem folgten die Jünger und alles geschah, wie Jesus es gesagt hatte.

Das Zimmer im oberen Stockwerk war gefegt und mit Teppichen belegt. Auch das Geschirr stand bereit.

Die Jünger kauften ein Schafböcklein und ließen es im Tempel schlachten, dann bereiteten sie das Fleisch für das Mahl am Abend zu.

Das Abendmahl

Als es Abend wurde, kam Jesus mit den übrigen der Zwölf und sie setzten sich nieder. Während des Essens sagte Jesus: „Einer von euch, der jetzt mit mir bei Tisch sitzt, wird mich verraten."
Die Jünger erschraken und fragten: „Wer? Ich? Meinst du mich?"
Jesus antwortete: „Einer von euch wird es tun."
Dann nahm Jesus das Brot, dankte Gott, brach es in Stücke, gab sie den Jüngern und sagte: „Das ist mein Leib."

Als alle das Brot gegessen hatten, nahm Jesus den Becher mit dem Wein, dankte Gott, gab ihn den Jüngern und sagte: „Das ist mein Blut, das für viele Menschen vergossen wird. Ich werde jetzt keinen Wein mehr trinken bis zu dem Tag, an dem ich wieder im Himmelreich davon trinken werde."
Dann dankten sie Gott mit einem Lobgesang. Darauf verließen sie das Haus und die Stadt und gingen zum Ölberg. Judas aber begab sich heimlich zu den Priestern.
Unterwegs sagte Jesus zu den elf Jüngern: „Ihr werdet das, was jetzt bald geschieht, nicht verstehen. Ihr werdet mich im Stich lassen und wie Schafe ohne Hirten umherirren. Aber ich werde auferstehen und euch wieder zusammenführen."
Da drängte sich Petrus vor und rief: „Wenn alle anderen dich verlassen werden – ich bleibe bei dir!"
Jesus schüttelte den Kopf. „Bevor die Sonne morgen aufgeht und der Hahn zum zweiten Mal kräht", sagte er zu Petrus, „wirst du dreimal behaupten, dass du mich nicht kennst."
„Niemals werde ich so etwas tun", beharrte Petrus. „Sogar wenn ich sterben müsste, würde ich dich nicht verlassen."
Das Gleiche sagten auch die anderen Jünger.

Gethsemane

Am Hang des Ölberges lag ein einsames Grundstück, das Geth-semane hieß. Dorthin begab sich Jesus mit den Jüngern und sagte zu ihnen: „Ich will beten. Setzt euch hier auf den Boden und war-tet. Petrus, Jakobus und Johannes sollen mich begleiten."

Als Jesus mit den drei Jüngern weiterging, überfiel ihn so große Angst, dass er zitterte. „Es ist so schwer, was jetzt auf mich zukommt", sagte er. „Wartet hier und bleibt wach!"

Dann ging er ein paar Schritte weiter, warf sich auf den Boden und betete: „Mein Vater im Himmel! Du kannst alles machen! Lass doch das Leiden an mir vorübergehen! Erspare es mir!" Jesus hielt lange inne. Dann fuhr er fort: „Aber, Vater: Nicht, was ich will, soll geschehen. Sondern das, was du willst."

Nach einiger Zeit erhob er sich und ging zu den drei Jüngern zurück. Da sah er, dass sie eingeschlafen waren. Er weckte Petrus und sagte: „Du schläfst, Simon? Kannst du nicht eine einzige Stunde wach bleiben? Wie willst du das, was auf uns zukommt, tragen, wenn du nicht wach bleiben und beten kannst?"

Dann ging Jesus wieder weg und betete noch einmal zu Gott. Als er zu den Jüngern zurückkam, waren sie wieder in Schlaf gefallen. So geschah es noch ein drittes Mal. Da sagte Jesus: „Schlaft ihr denn immerfort? Steht auf! Meine Feinde sind schon unterwegs! Schaut: Dort kommt Judas!"

Gefangen

Jesus hatte noch nicht fertig geredet, da tauchte Judas mit einer Schar Soldaten des Hohen Priesters auf. Sie trugen Schwerter und Stöcke bei sich. Judas hatte zu ihnen gesagt: „Damit ihr wisst, welchen ihr verhaften müsst, werde ich ihm einen Kuss geben."

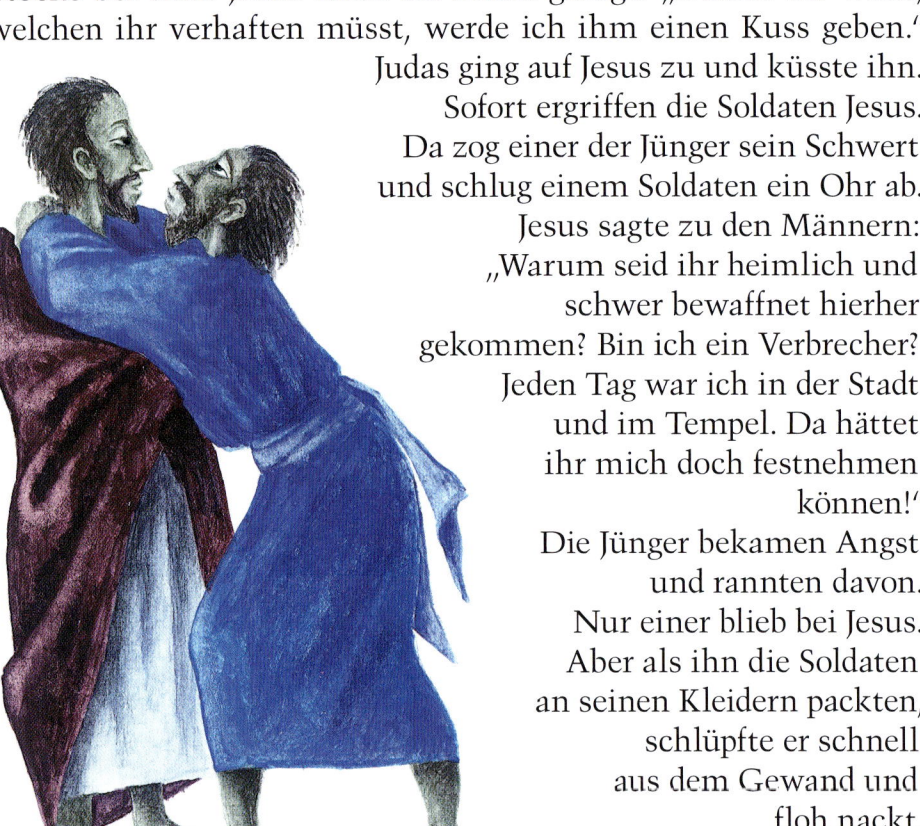

Judas ging auf Jesus zu und küsste ihn. Sofort ergriffen die Soldaten Jesus. Da zog einer der Jünger sein Schwert und schlug einem Soldaten ein Ohr ab. Jesus sagte zu den Männern: „Warum seid ihr heimlich und schwer bewaffnet hierher gekommen? Bin ich ein Verbrecher? Jeden Tag war ich in der Stadt und im Tempel. Da hättet ihr mich doch festnehmen können!" Die Jünger bekamen Angst und rannten davon. Nur einer blieb bei Jesus. Aber als ihn die Soldaten an seinen Kleidern packten, schlüpfte er schnell aus dem Gewand und floh nackt.

Das Verhör vor dem Rat

Die Soldaten führten Jesus in den Palast des Hohen Priesters. Petrus war der Schar im Schutz der Dunkelheit nachgeschlichen. Jetzt mischte er sich im Hof vor dem Palast unter die Soldaten, die Dienerinnen und Diener des Hohen Priesters, die sich am Feuer im Freien wärmten.

Obwohl es schon spät in der Nacht war, eilten viele Ratsmänner des Hohen Rates herbei, um über Jesus Gericht zu halten. Die Priester aber, die Jesus anklagten, hatten Zeugen mitgebracht. Von denen behaupteten einige: „Wir haben gehört, dass Jesus gesagt hat: Ich reiße den Tempel ab und baue ihn in drei Tagen neu auf!"
Andere aber widersprachen und die Aussagen stimmten nicht miteinander überein. So verging viel Zeit, ohne dass die Ratsmänner etwas gegen Jesus fanden.

Endlich stand der Hohe Priester auf, der dem Hohen Rat vorstand. Alle verstummten, als er in die Mitte der Versammlung trat. Er sagte zu Jesus: „Du schweigst zu allem, was die Männer da gegen dich vorbringen! Hast du denn nichts dazu zu sagen?"
Jesus gab keine Antwort.
„So sage mir nur eines", fuhr der Hohe Priester fort. „Bist du der von den Propheten angekündigte König? Bist du der Messias? Bist du Gottes Sohn?"
Da sprach Jesus: „Ich bin es!"
Da zerriss der Hohe Priester sein Kleid vor Entsetzen und rief: „Wir brauchen keine Zeugen mehr! Er hat Gott gelästert. Er hat gesagt, dass er Gottes Sohn sei. Wir haben es alle gehört. Er hat sich auch selber zum König, zum Messias, gemacht! Sprecht das Urteil über ihn!"

Die Ratsmänner sagten: „Er ist schuldig! Er soll sterben!"

Petrus hat Angst

Während der ganzen Zeit hielt sich Petrus im Hof beim Feuer auf und wärmte sich. Da näherte sich ihm eine Magd, schaute ihn an und sagte: „Du bist doch auch mit diesem Jesus zusammen gewesen!" Petrus erschrak. Er schüttelte den Kopf und antwortete: „Was redest du da? Ich habe keine Ahnung, was du meinst."

In diesem Augenblick krähte ein Hahn.
Petrus schlich an den Rand des Hofes.
Die Magd aber ging ihm nach
und sagte zu den Herumstehenden:
„Der dort gehört auch zu Jesus!"
Petrus stritt es ein zweites Mal ab.
Aber die Leute im Hof gaben nicht nach:
„Natürlich gehörst du zu ihm!
Man hört es ja an deiner Sprache!
Du sprichst wie er!"

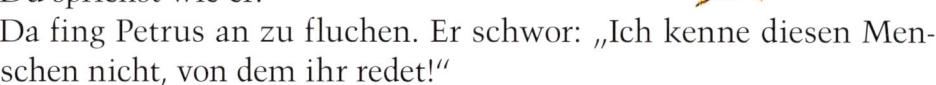

Da fing Petrus an zu fluchen. Er schwor: „Ich kenne diesen Menschen nicht, von dem ihr redet!"
Da krähte der Hahn zum zweiten Mal und Petrus kam in den Sinn, was Jesus zu ihm vor ein paar Stunden gesagt hatte: „Bevor die Sonne morgen aufgeht und der Hahn zum zweiten Mal kräht, wirst du dreimal behaupten, dass du mich nicht kennst."
Da fing Petrus an zu weinen.

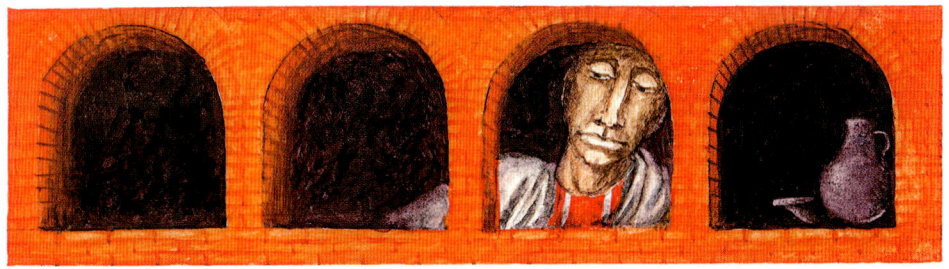

Pontius Pilatus

Früh am Morgen ließen die Ratsmänner Jesus fesseln. Die Solda-
ten führten ihn zum Stellvertreter des römischen Kaisers, der zur
Zeit des Festes in Jerusalem weilte. Er hieß Pontius Pilatus.
Pilatus fragte Jesus: „Bist du der König der Juden?"
Jesus antwortete: „Ja."
Die Priester brachten viele Klagen gegen Jesus vor, aber Jesus
wehrte sich nicht.
„Willst du denn nichts zu all dem sagen?", fragte Pilatus Jesus.
Jesus schwieg.
Immer am Passafest ließ Pilatus einen gefangenen Juden frei.
Damals war gerade ein Mann namens Barabbas im Gefängnis.
Barabbas hatte einen Menschen getötet.
Während Pilatus sich mit Jesus und den Priestern beschäftigte, zog
eine lärmende Schar zu ihm und forderte: „Lass auch dieses Jahr
zum Fest einen Gefangenen frei!"
Pilatus erkannte, dass Jesus unschuldig war und ihn die Priester
nur aus Missgunst loswerden wollten. Darum fragte er die Leute:
„Soll ich Jesus freilassen?"
„Nein", rief die Schar. „Lass Barabbas frei!"
„Und was soll ich mit Jesus tun?", fragte Pilatus.
Da schrien sie: „Töte ihn! Schlag ihn ans Kreuz!"
„Was hat er denn Schlimmes getan?", wollte Pilatus wissen.
Sie aber schrien noch viel mehr: „Kreuzige ihn! Kreuzige ihn!"
Da ließ Pilatus den Barabbas frei und übergab Jesus den Soldaten,
damit sie ihn abführten.

Jesus am Kreuz

Die römischen Soldaten zerrten Jesus in den Hof des Palastes. Dort zogen sie ihm die Kleider aus, hängten ihm einen Purpurmantel um und flochten aus Dornenzweigen eine Krone. Die setzten sie Jesus auf den Kopf, verneigten sich vor ihm und riefen: „Gegrüßet seist du, König der Juden!"

Einige schlugen ihn mit einem Stock auf den Kopf, spuckten ihn an und knieten vor ihm wie vor einem König. So verspotteten sie ihn. Dann nahmen sie ihm den Mantel wieder ab und zogen ihm seine Kleider an. Sie legten ihm den schweren Kreuzesbalken auf die Schultern und führten ihn weg.

Als sie durch die Gassen der Stadt zur Richtstätte zogen, begegneten sie einem Mann namens Simon von Kyrene. Er kam gerade vom Feld. Weil Jesus beinahe unter der Last des Kreuzbalkens zusammenbrach, zwangen die Soldaten Simon, das Kreuz zu tragen.

So kamen sie zur Richtstätte Golgatha. Das heißt auf deutsch: Schädel. Sie reichten Jesus einen Becher mit gewürztem Wein. Aber Jesus trank nicht.

Da zogen sie ihn aus und kreuzigten ihn. Auf eine Tafel oben am Kreuzbalken schrieben sie den Grund seiner Verurteilung: „Der König der Juden!" Die Kleider verlosten sie untereinander. Das geschah um neun Uhr morgens.

Gleichzeitig mit Jesus wurden noch zwei andere Männer gekreuzigt, einer links, der andere rechts von ihm.

Einige der Leute, die dabeistanden und zuschauten, verhöhnten Jesus. Sie sagten: „Du wolltest doch den Tempel niederreißen und ihn in drei Tagen wieder aufbauen! Wenn du so etwas tun kannst, warum steigst du jetzt nicht vom Kreuz?"

Auch einige der Priester machten sich über Jesus lustig. „Anderen hat er geholfen", sagten sie. „Aber sich selber kann er nicht helfen. Der König der Juden soll vom Kreuz herunterkommen. Dann glauben wir, dass Gott ihn geschickt hat."

Auch die beiden Männer, die neben ihm am Kreuz hingen, beschimpften ihn.

Mittags um zwölf Uhr wurde es ganz dunkel. Um drei Uhr schrie Jesus mit lauter Stimme: „Eli, eli lama asabtani?" Das ist ein Wort aus dem Buch der Psalmen und heißt auf deutsch: Mein Gott, mein Gott, warum hast du mich verlassen?

Da tauchte einer der Soldaten einen Schwamm in Essig, steckte ihn auf einen Stab und reichte ihn Jesus hinauf, damit er trinken konnte. Jesus aber schrie auf und starb.

Zur gleichen Zeit riss der Vorhang im Tempel, der das Heilige vom Allerheiligsten trennte, mitten entzwei.

Der römische Hauptmann, der beim Kreuz stand und Jesu Sterben miterlebt hatte, sagte: „Wahrhaftig, dieser Mann war Gottes Sohn."

Ein paar Jüngerinnen waren Jesus gefolgt. Es waren Maria Magdalena und Maria, die Mutter des Jakobus und eine Frau namens Salome. Die standen ein wenig abseits und sahen alles aus der Ferne.

Das Begräbnis

Als es Abend wurde, begab sich Josef aus Arimathäa zu Pontius Pilatus. Josef war ein Ratsherr. Er hatte sich in der Ratsversammlung gegen die Verurteilung Jesu gewehrt, denn er gehörte zu den Jüngern Jesu. Er bat Pilatus: „Ich möchte den Leichnam Jesu in meiner Familiengruft beisetzen."

Pilatus erlaubte es ihm.
Da kaufte Josef ein Leintuch,
nahm Jesus vom Kreuz,
wickelte den toten Körper in das Tuch
und legte ihn in das Grab.
Es war eine in den Fels gehauene
Höhle. Dann rollte er einen Stein
vor den Eingang des Grabes,
so dass es verschlossen war.

Zwei Jüngerinnen Jesu
sahen zu und merkten sich
den Ort,
wo Jesus begraben war.

Jesus lebt

Früh am Sonntagmorgen kauften Maria Magdalena und Salome und Maria, die Mutter des Jakobus, wohlriechende Öle. Sie wollten den toten Körper Jesu einsalben. Gerade als sie zum Grab kamen, ging die Sonne auf. „Wer wird uns wohl den großen Stein vom Grab wegrollen?", fragten sie sich. Da sahen sie, dass der Stein schon weggewälzt war.

Sie betraten die Grabhöhle. Aber sie fanden den Leichnam Jesu nicht. Ratlos standen sie da. Da erschienen ihnen mit einem Mal zwei Männer, deren Kleider leuchteten. Sie sprachen: „Warum sucht ihr den, der lebt, bei den Toten? Jesus ist nicht hier. Gott hat ihn vom Tod auferweckt. Hier, an dieser Stelle, lag er. Geht jetzt zu den Jüngern und sagt ihnen, dass Jesus lebt. Ihr werdet ihn sehen."

Sofort eilten die Frauen in die Stadt zurück, wo sich die elf engsten Jünger Jesu und auch andere Jüngerinnen und Jünger in einem Haus versteckt hatten. Die Frauen erzählten von ihrem Erlebnis, aber die Jünger glaubten ihnen nicht.

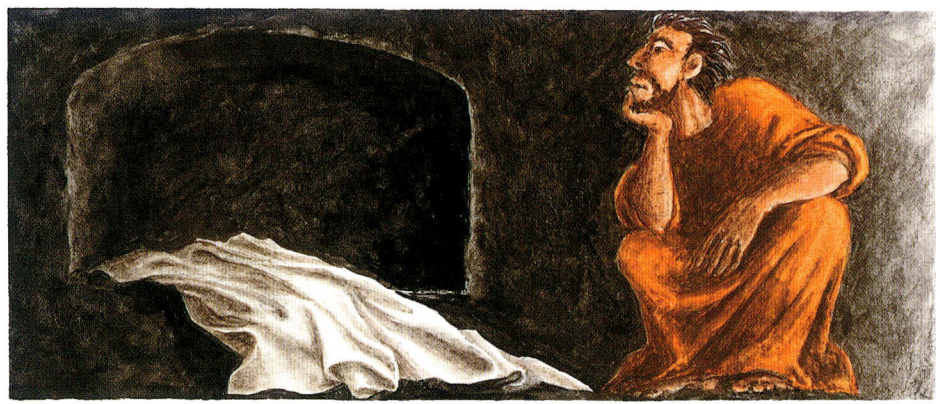

Petrus jedoch entschloss sich, zum Grab zu gehen und nachzusehen. Er fand in der Grabhöhle nur das Leichentuch. Er wusste nicht, was er von alledem halten sollte und ging nachdenklich zu den anderen zurück.

Die Begegnung in Emmaus

Am gleichen Tag waren zwei Jünger auf dem Weg nach dem Dorf Emmaus, das etwa drei Stunden von Jerusalem entfernt lag. Die beiden redeten über den Tod Jesu und über das, was die Frauen erzählt hatten. Da trat der vom Tod auferweckte Jesus zu ihnen. Sie erkannten ihn aber nicht und hielten ihn für einen Fremden. Jesus fragte sie: „Worüber habt ihr gerade gesprochen?"
Da blieben sie stehen und schauten ihn traurig an. Einer der beiden, er hieß Kleopas, antwortete: „Bist du von so weit her, dass du nicht weißt, was in Jerusalem geschehen ist?"
„Was ist geschehen?", wollte Jesus wissen.
„Die Sache mit Jesus! Er war ein Prophet. Aber einige Priester und Ratsmänner haben ihn zum Tod verurteilt und ihn kreuzigen lassen. Er ist gestorben und wir hatten doch gehofft, dass er der Messias, der König, sei. Heute ist schon der dritte Tag, seitdem er tot ist. Heute Morgen sind ein paar Frauen zum Grab gegangen. Aber der Leichnam war nicht mehr dort. Sie haben jedoch Engel gesehen, die sagten, dass Jesus lebt."

Da antwortete ihnen Jesus: „Begreift ihr noch immer nicht, was die Propheten schon vor langer Zeit gesagt haben? In den alten Schriften steht, dass der Messias leiden und sterben muss, damit er zum Retter für alle Menschen werden kann."

Während Jesus mit ihnen sprach, erreichten sie das Dorf Emmaus. Jesus tat so, als wolle er weitergehen, aber die beiden Jünger hielten ihn zurück und sagten: „Herr, bleibe bei uns; denn es will Abend werden und der Tag hat sich geneigt." Da ging er mit ihnen ins Haus und setzte sich mit ihnen an den Tisch zum Abendessen. Er nahm das Brot, dankte Gott dafür, brach es und gab es ihnen.

In diesem Augenblick gingen ihnen die Augen auf und sie erkannten Jesus. Aber da war er auch schon verschwunden.

Die beiden sagten zueinander: „Warum haben wir ihn denn nicht früher erkannt? Brannte nicht unser Herz, als er bei uns war und mit uns sprach!"

Sofort verließen sie das Haus und kehrten nach Jerusalem zurück. Als sie das Haus betraten, in dem sich die Jünger versteckt hielten, riefen ihnen einige zu: „Der Herr ist wirklich auferstanden! Er ist Petrus erschienen!"

Da erzählten die beiden, was sie auf dem Weg nach Emmaus erlebt hatten. Und wie sie Jesus erkannten, als er das Brot brach.

Die Himmelfahrt

Jesus erschien den Jüngern noch einige Male. Dann aber führte er seine elf Vertrautesten aus der Stadt hinaus nach Betanien. Dort sagte er zu ihnen:

„Mir ist gegeben alle Macht im Himmel und auf Erden. Darum gehet hin und machet zu Jüngern alle Völker: Taufet sie auf den Namen des Vaters und des Sohnes und des heiligen Geistes und lehret sie halten alles, was ich euch befohlen habe. Und siehe, ich bin bei euch alle Tage bis ans Ende der Welt."

Jesus breitete seine Hände über die Jünger aus und segnete sie.
Gleichzeitig wurde er zum Himmel emporgehoben. Die Jünger
warfen sich vor ihm auf den Boden. Dann erhoben sie sich und
kehrten voller Freude nach Jerusalem zurück.
Weil Jesus seine engsten Jünger in die Welt hinausgesandt hatte,
nannte man sie von da an Gesandte oder, in der damaligen Sprache,
Apostel.

Gott schenkt seinen heiligen Geist

Nach dem Tod und der Auferweckung Jesu kamen die Apostel und die anderen Jüngerinnen und Jünger Jesu in Jerusalem in einem Haus zusammen. Petrus sagte: „Als Jesus noch lebte, gehörten zwölf von uns zu den engsten Jüngern Jesu. Aber Judas ist nicht mehr unter uns. Er hat seinem Leben selber ein Ende gesetzt. Darum wollen wir an seiner Stelle einen neuen Apostel wählen. Es muss einer sein, der von Anfang an ein Jünger Jesu gewesen ist." Die Jüngerinnen und Jünger schlugen darauf zwei Männer vor: Josef und Mattias. Nach einem Gebet ließen sie das Los entscheiden. Es fiel auf Mattias und er wurde in den Kreis der zwölf Apostel aufgenommen.

Bald darauf feierten die Juden das Erntedankfest, das auch Pfingstfest heißt. Am ersten Tag dieses Festes kamen die Jüngerinnen und Jünger in ihrem Versammlungshaus in Jerusalem zusammen.

Plötzlich erfüllte ein Brausen das ganze Haus und es hörte sich an wie ein Sturmwind. Gleichzeitig leuchtete etwas Helles auf. Es sah aus wie Feuer, das sich in Flammen zerteilte. Die Flammen senkten sich auf alle, die im Versammlungshaus waren. Das war Gottes Geist, den Jesus den Jüngern versprochen hatte und der jetzt die Frauen und Männer erfüllte. Begeistert fingen sie an, miteinander in verschiedenen Sprachen von Jesus zu erzählen.

Zum Pfingstfest waren viele fromme Juden aus aller Welt nach Jerusalem gekommen. Als sie das Rauschen hörten, strömten sie zum Versammlungshaus. Erstaunt riefen sie: „Die Leute hier kommen doch aus dieser Gegend! Warum können sie dennoch die Sprachen der Länder sprechen, aus denen wir kommen?" Einige lachten und sagten: „Sie sind wohl betrunken, dass sie so durcheinander reden!"

Da standen die Apostel auf und Petrus rief: „Wie sollten wir betrunken sein? Es ist ja erst neun Uhr morgens! Ich will euch sagen, was hier geschieht: Bis vor kurzem lebte unter uns ein Mann namens Jesus. Er war der Christus, der von Gott gesandte König. Er starb am Kreuz, aber Gott hat ihn vom Tod auferweckt und zu sich in den Himmel geholt. Nun hat er uns seinen heiligen Geist gesandt, damit wir zu allen Menschen und in allen Sprachen von ihm erzählen und allen Völkern die frohe Botschaft bringen können."

Viele von denen, die Petrus zuhörten, sagten: „Wir möchten auch zu Jesus gehören und seinen Geist bekommen. Was müssen wir tun?"

„Fangt ein neues, besseres Leben an!", antwortete Petrus. „Und lasst euch taufen! Dann vergibt euch Gott eure Schuld und schenkt euch seinen guten heiligen Geist."

Da ließen sich viele taufen und schlossen sich den Jüngern Jesu an und die Gemeinde wurde immer größer.

Der Minister aus Äthiopien

Damals weilte ein Minister der Königin von Äthiopien in Jerusalem. Obwohl er nicht zum Volk der Juden gehörte, war er in seiner prächtigen Kutsche von seiner Heimat hierher gefahren. Er wollte im Tempel von Jerusalem zu Gott beten und ihm ein Opfer bringen. Nun kehrte er in seine Heimat zurück. Während der Fahrt las er in einer Schriftrolle, in der die Worte des Propheten Jesaja standen.

Zur gleichen Zeit erschien dem Apostel Philippus ein Engel und sprach: „Geh nach Süden, bis du auf die Straße kommst, die von Jerusalem nach Äthiopien führt!"

Philippus brach sofort auf, eilte zu der Straße, die ihm der Engel genannt hatte und sah dort den Wagen des Ministers dahinfahren. Eine innere Stimme sagte zu Philippus: „Folge dem Wagen!"

Philippus lief neben dem Gefährt auf der staubigen Straße einher und hörte, wie der Minister laut aus dem Prophetenbuch die Stelle las: „Wie ein Lamm, wenn es zum Schlachten geführt wird, wie ein Schaf, wenn es geschoren wird, duldete er alles schweigend und ohne zu klagen. Er wurde unschuldig verurteilt und hingerichtet. Aber Gott machte das Unrecht wieder gut, das die Menschen ihm angetan hatten. Er nahm ihn zu sich und seine Nachkommen kann niemand zählen."

Da rief Philippus dem Minister zu: „Verstehst du denn, was du da liest?"

Erstaunt schaute der Minister auf, bemerkte Philippus und schüttelte den Kopf: „Wie kann ich es verstehen, wenn mir es niemand erklärt? Sag mir doch: Meinte der Prophet mit dem, der unschuldig verurteilt worden ist, sich selber oder einen anderen Menschen?"

„Damit meinte er Jesus Christus", antwortete Philippus und erzählte dem Minister die frohe Botschaft vom Tod und der Auferweckung Jesu.

Der Wagen war weitergefahren und näherte sich einer Wasserstelle. Als der Minister sie sah, sagte er: „Hier gibt es Wasser. Ich möchte getauft werden."

Er ließ den Wagen anhalten, stieg ins Wasser und Philippus taufte ihn. Dann reiste der Minister voller Freude in seine Heimat zurück.

Saulus

In Jerusalem lebte ein Mann namens Saulus. Er gehörte zum jüdischen Volk, war aber in Griechenland aufgewachsen. Sein griechischer Name war Paulus.

Saulus war der Meinung, dass Jesus ein Aufwiegler gewesen und zu Recht verurteilt worden sei. Darum verfolgte er alle, die sich zu Jesus bekannten und die man bald „Christen" nannte. Als er hörte, dass in der Stadt Damaskus viele Christen lebten, beschloss er, sie gefangen zu nehmen, sie nach Jerusalem zu führen und vor das Gericht zu stellen.

Zusammen mit einigen Begleitern machte er sich auf den Weg nach Damaskus. Kurz vor der Stadt umstrahlte ihn plötzlich ein überirdisch helles Licht. Saulus stürzte zu Boden und hörte eine Stimme. Sie sprach: „Saulus, Saulus, warum verfolgst du mich?"
Erschrocken fragte Saulus: „Wer bist du, Herr?"
„Ich bin Jesus, den du verfolgst", antwortete die Stimme. „Steh auf! Geh in die Stadt! Dort wirst du erfahren, was ich von dir will."
Auch die Männer, die Saulus begleiteten, waren zutiefst erschrocken. Sie hatten die Stimme gehört, aber nichts gesehen.
Saulus erhob sich vom Boden. Als er die Augen öffnete, konnte er nichts mehr sehen. Da nahmen ihn die Begleiter an den Händen und führten ihn in die Stadt hinein. Sie brachten ihn in das Haus eines Freundes, der Judas hieß. Es lag in der Geraden Straße. Drei Tage blieb Saulus blind. Während dieser Zeit aß und trank er nichts. Bedrückt und schwach lag er auf seinem Lager.

In Damaskus lebte ein Anhänger Jesu namens Hananias. Eines Tages hörte er in sich eine Stimme. Er wusste, dass es die Stimme Jesu war. „Hananias, geh in die Gerade Straße. Im Haus des Judas befindet sich ein Mann namens Saulus. Er ist blind. Leg ihm die Hände auf die Stirn, damit er wieder sehen kann."
„Aber das ist doch derselbe Saulus, der uns verfolgt!", antwortete Hananias. „Ich habe gehört, dass er alle verhaften will, die an dich glauben."

„Du brauchst keine Angst zu haben", antwortete Jesus. „Ich selber habe Saulus zu meinem Werkzeug ausgesucht. Er soll meinen Namen und meine Botschaft in viele Länder bringen. Er wird auch viel für mich leiden müssen."

Da machte sich Hananias auf und ging in das Haus des Judas. Er legte Saulus die Hände auf die Stirn und sagte: „Bruder Saulus, Jesus hat mich zu dir geschickt. Du sollst wieder sehen können und Gottes Geist soll zu dir kommen." Im gleichen Moment wurden Sauls Augen geöffnet und er konnte alles klar sehen. Da stand er auf und ließ sich taufen. Er aß und trank und kam schnell wieder zu Kräften.

Die Christen nannten Saulus bald nur noch nach seinem griechischen Namen: Paulus.

Als die früheren Begleiter erfuhren, dass Paulus ein Jünger Jesu geworden war, wollten sie ihn töten. Aber Paulus erfuhr es und versteckte sich. In der Nacht ließen ihn seine Freunde vom Dach eines Hauses, das an die Stadtmauer gebaut war, in einem Korb an der Mauer hinunter. So konnte Paulus fliehen.

Paulus wurde ein Apostel Jesu. Zusammen mit anderen Aposteln zog er durch viele Länder und Städte und verkündete überall die frohe Botschaft von Jesus Christus.

Lydia

Paulus wanderte über die staubigen Landstraßen am Meer entlang bis nach Kleinasien. Wohin er kam, erzählte er von Jesus. Viele ließen sich taufen und so entstanden überall neue christliche Gemeinden. Oft schlossen sich Paulus Männer an, die ihm bei der Mission helfen wollten. So wuchs auch die Zahl der Apostel. Einer von ihnen hieß Silas, ein anderer Timotheus.

Eines Nachts hatte Paulus folgenden Traum: Er sah jenseits des Meeres, in Griechenland, einen Mann. Der Mann winkte ihm und rief: „Komm zu uns herüber und hilf uns!"

Am anderen Tag gingen Paulus und seine Begleiter zum Hafen und suchten ein Schiff, das nach Griechenland fuhr. Denn Paulus war überzeugt, dass der Traum etwas zu bedeuten hatte: Gott wollte ihn zu den Menschen nach Europa schicken. Nachdem er ein Schiff gefunden hatte, fuhr er mit seinen Begleitern über das Meer, vorbei an Inseln, bis sie in Griechenland ankamen. Dort wanderten sie landeinwärts und kamen zur Stadt Philippi.

Am Sabbat begaben sich Paulus, Timotheus und Silas zum Fluss vor dem Stadttor. Dort versammelten sich nämlich die Juden zu ihrem Gottesdienst. Paulus setzte sich zu den Frauen und erzählte ihnen von Jesus.

Eine der Frauen hörte besonders aufmerksam zu.
Sie hieß Lydia und handelte mit Purpurstoffen.
Als Paulus fertig geredet hatte,
ließ sich Lydia mit allen,
die zu ihrer Familie gehörten, taufen.
Sie lud Paulus und seine Begleiter
zu sich nach Hause ein und sagte:
„Ich habe Jesus
als meinen Herrn angenommen.
Darum müsst ihr jetzt
meine Gäste sein."
So wurde Lydia
die erste Jüngerin Jesu in Europa.

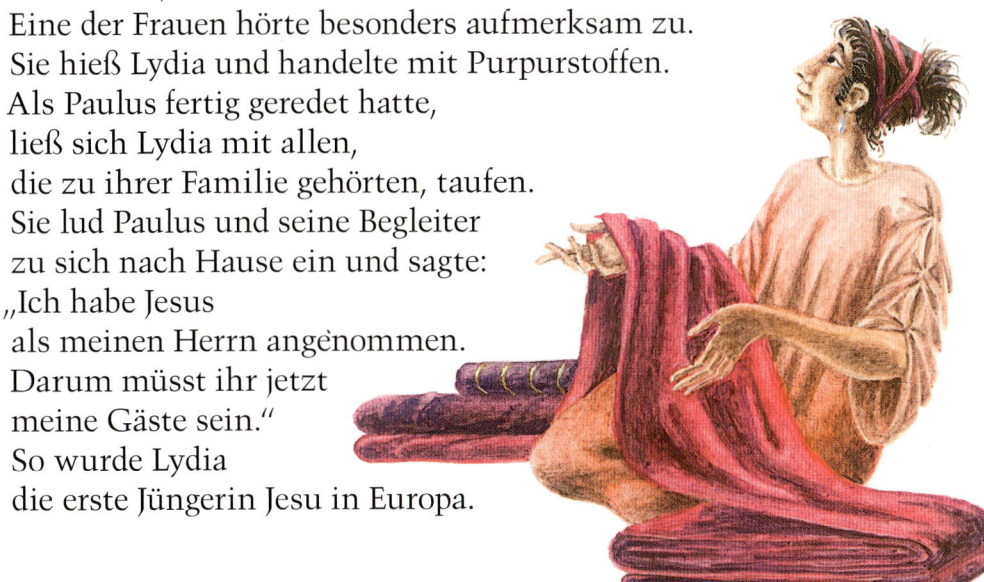

Paulus im Gefängnis

Ein paar Tage später sahen Paulus und seine Begleiter auf der Straße eine Sklavin. Sie war eine Hellseherin und konnte den Menschen die Zukunft voraussagen. Das viele Geld, das sie damit verdiente, musste sie ihren Besitzern abgeben.

Als die Wahrsagerin Paulus und seine Begleiter sah, lief sie hinter ihnen her und rief: „Diese Männer hat Gott zu uns geschickt! Sie können euch sagen, wie ihr gerettet werdet!"

Paulus kümmerte sich zunächst nicht um die Frau. Aber als sie jeden Tag, wenn er durch die Stadt ging, das Gleiche rief, drehte er sich endlich um und sagte: „Diese Frau leidet unter einem bösen Wahrsagegeist. Ich befehle diesem Geist: Verlass die Frau!" Da verließ sie der böse Geist und die Frau konnte die Zukunft nicht mehr voraussagen.

Als die Besitzer merkten, dass sie mit ihrer Sklavin kein Geld mehr verdienen konnten, packten sie Paulus und Silas und schleppten sie auf den Marktplatz, wo sich die Richter versammelten. Sie beschuldigten Paulus und Silas, indem sie zu den Richtern sagten: „Diese beiden Männer sind Unruhestifter!" Da befahlen die Richter den Soldaten: „Reißt den beiden die Kleider vom Leib und peitscht sie aus. Und dann: Ins Gefängnis mit ihnen!"

Der Gefängniswärter führte Paulus und Silas in die hinterste Zelle und fesselte sie, damit sie auf keinen Fall fliehen konnten.

Um Mitternacht beteten Paulus und Silas und sangen Loblieder. Da fing die Erde an zu beben. Die Türen des Gefängnisses sprangen auf. Die Fesseln der Gefangenen fielen auf den Boden.

Als der Gefängniswärter kam und sah, dass die Türen und Tore weit geöffnet waren, erschrak er und dachte: „Bestimmt sind alle Gefangenen geflohen! Man wird mich beschuldigen und mich bestrafen."

Sofort zog er sein Schwert und wollte sich das Leben nehmen. Aber Paulus rief laut: „Tu es nicht! Niemand ist geflohen. Wir sind alle noch hier."

Da entzündete der Wärter eine Lampe, eilte in die Zelle des Paulus und Silas und stürzte zitternd zu Boden. Dann führte er beide ins Freie und fragte: „Was muss ich tun, damit ich gerettet werde?"
Paulus antwortete: „Vertraue auf Jesus Christus, dann wirst du mit deinen Angehörigen gerettet."
Der Wärter nahm Paulus und Silas in seine Wohnung und pflegte ihre Wunden. Dann ließ er sich und seine ganze Familie taufen.
Am anderen Tag wurden Paulus und Silas freigelassen. Sie verabschiedeten sich von Lydia und den anderen Christen und zogen weiter.

Paulus in Rom

Als Paulus schon ein alter Mann war, wurde er wieder gefangen genommen. Weil er ein römischer Bürger war, hatte er das Recht, vom Kaiser in Rom angehört zu werden. So fuhr er als Gefangener in einem Schiff nach Rom. Unterwegs brach ein heftiger Sturm los. Das Schiff drohte zu zerbrechen. Da warfen sich die Wachsoldaten, die Schiffsleute und die Gefangenen ins Wasser. Wer nicht schwimmen konnte, hielt sich an den Holztrümmern fest, die im Wasser verstreut lagen. So erreichten alle eine Insel und niemand ertrank. Paulus musste mit den übrigen Gefangenen den ganzen Winter dort im Gefängnis zubringen. Im Frühling fuhren sie mit einem anderen Schiff nach Rom. Zwar wurde Paulus auch in Rom von einem Soldaten bewacht, aber er musste nicht ins Gefängnis. Er verbrachte seine Zeit in einer Mietwohnung.

In Rom gab es damals bereits eine christliche Gemeinde. Viele Christen besuchten Paulus in seiner Wohnung und er erzählte ihnen von seinen Reisen und seinem Glauben an Jesus. Er schrieb auch Briefe an Gemeinden, die er gegründet hatte, und machte ihnen Mut, auch in Notzeiten am Glauben festzuhalten. In einem seiner Briefe steht:
„Kann uns etwas von Christus und seiner Liebe trennen? Ich bin ganz sicher, dass uns nichts von dieser Liebe trennen kann: weder Tod noch Leben, weder Engel noch Teufel, weder Himmel noch Hölle. Durch Jesus Christus hat Gott uns seine Liebe geschenkt. Und darum gibt es in der ganzen Welt nichts, was uns von Gottes Liebe trennen kann."

Verzeichnis der Geschichten

93

Wo Jesus lebte

Mittelmeer

Damaskus

Cäsarea Philippi

Syro-Phönizien

Kapernaum
Magdala
Tiberias
Nazareth
Betsaida
See Genezareth

Nain

Galiläa

Jordan

Gebiet der zehn Städte

Cäsarea

Samaria

Berg Garizim

Arimathäa

Jericho

Emmaus

Hier taufte Johannes

Jerusalem
Betanien
Bethlehem

Judäa

Machärus

Salzmeer

Ägypten

Bibliografische Information Der Deutschen Bibliothek
Die Deutsche Bibliothek verzeichnet diese Publikation in der Deutschen
Nationalbibliografie; detaillierte bibliografische Daten sind im Internet
über http://dnb.ddb.de abrufbar.

1. Auflage 2010
© 2010 Verlag Ernst Kaufmann, Lahr
Printed and bound by Leo Paper, China
ISBN 978-3-7806-2747-6